Jeanne-Marie Sindani

Gestrandet im „Paradies"

Erfahrungen aus der Caritas-Asylberatung

LAMBERTUS

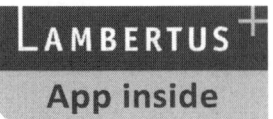

Jeanne-Marie Sindani

Gestrandet im „Paradies"

Erfahrungen aus der Caritas-Asylberatung

Bibliografische Information der Deutschen Nationalbibliothek

Die Deutsche Nationalbibliothek verzeichnet diese Publikation in der Deutschen Nationalbibliografie; detaillierte bibliografische Daten sind im Internet über dnb.d-nb.de abrufbar.

Umschlaggestaltung: Nathalie Kupfermann, Bollschweil
Satz: Astrid Stähr, Solms
Druck: Franz X. Stückle, Druck und Verlag, Ettenheim
ISBN: 978-3-7841-3058-3
ISBN ebook: 978-3-7841-3059-0

Inhalt

Den vielen Schutzsuchenden,
die ihr Leben auf der Flucht verloren haben,
und den gegenwärtigen und zukünftigen Generationen
der ganzen Menschheit widme ich dieses Buch.

Vorwort

Jeden Tag erscheinen in den Medien Berichte über „die Flüchtlinge" und das Wort „Flüchtlingsströme" führt wahrscheinlich die Liste der in den Medien am häufigsten vorkommenden Begriffe der Jahre 2016 und 2017 an. Man kann auch den Eindruck gewinnen, dass sich an den Flüchtlingen ein Kulturkampf entzündet. Auf der einen Seite die sogenannten Gutmenschen, die gerade im Jahr 2015 eine noch nie dagewesene Willkommenskultur in Deutschland zum Leben erweckten und zumindest ganz Europa zum Staunen brachten. Auf der anderen Seite die Renaissance von Nationalismus, rechtsextremem Denken bis hin zu unverhohlenem Rassismus.

Die Ehrenamtlichen in der Flüchtlingsarbeit kämpfen um das Erkennen der Schicksale der Geflüchteten, versuchen ihnen die deutsche Sprache zu vermitteln und finden Ausbildungs- und Arbeitsplätze. Die etablierte Politik dagegen erlässt – unter der vermeintlichen Angst vor den Rechtspopulisten – immer neue Restriktionen. Fordert Kanzlerin Merkel auf der einen Seite einen Marschallplan mit Afrika, werden auf der anderen Seite gerade für diese Gruppe von Geflüchteten verwaltungstechnisch installierte Arbeitsverbote rigoros durchgezogen.

Das hochgelobte und nach außen hin so wertgeschätzte Engagement der Ehrenamtlichen wird damit nicht nur untergraben, sondern geradezu ad absurdum geführt. Wie soll Angela Merkels „afrikanischer" Marschallplan finanziert werden, wenn nicht durch die Exilanten, die in fremden Ländern, auch zu deren Wohl, etwas erwirtschaften und davon noch Investitionen in die Herkunftsländer transferieren?

Aber muss es nun ein Buch geben, in dem das alles niedergeschrieben ist? Ist denn noch nicht alles zum wiederholten Male geschildert, bebildert und gesagt worden? Die Antwort heißt nein, und wer dieses Buch liest, wird dem zustimmen. Die Hauptargumente, welche von der „Grenzschützer"-Fraktion vorgebracht werden, sind die Furcht vor der Überfremdung und die Existenzängste der Einheimischen. Zweifelsohne kann Neues und Fremdes Angst hervorrufen. Und wenn besonders viel Neues und viele Fremde kommen, kann dies auch bedrohlich wirken. Dabei muss aber die Frage erlaubt sein, was sich dagegen tun lässt, dass Geflüchtete fremd bleiben. Oder besser: Was kann jede und jeder von uns tun, dass es anders läuft? Sicherlich kommen manchmal Menschen aus ganz anderen Regionen dieser Erde mit falschen Erwartungen in das Wohlstandsland Deutschland. Aber wie sollen sie zu einer neuen Erkenntnis kommen, wenn wir sie nicht teilhaben lassen an unserem Leben? Wenn sie nicht erleben, dass das Arbeitsleben und das Bestreiten des Lebensunterhalts durchaus mit sehr vielen Mühen verbunden sind?

Lässt die Sorge um unseren eigenen Lebensstandard noch Platz für das Mitgefühl, für die schrecklichen Dinge, die die Menschen erleben mussten? Sie sind aus einer aussichtslosen Situation geflohen und haben alles Hab und Gut in diese „Reise ins Ungewisse" investiert. Sie haben ihr Leben riskiert, wurden misshandelt, gefoltert und mussten mitunter erleben, wie Freunde und Verwandte ihr Leben verloren. Und nun kommen sie zu uns und niemand versteht ihre existenziellen Ängste vor der Ablehnung ihres Asylantrags oder vor der Verweigerung der Arbeitserlaubnis, wo doch die zurückgebliebene Familie so lebensnotwendig auf ein paar heimgeschickte Euros angewiesen ist. Letztendlich haben sie alle Panik vor der Abschiebung, die viele Leidensgenossen bereits getroffen hat.

Jeanne-Marie Sindani arbeitete zwei Jahre in der Erstaufnahmeeinrichtung für Flüchtlinge in Fürstenfeldbruck. Sie erlebt dieses Spannungsfeld zwischen menschlicher Hoffnung und Verzweiflung in der Beratung täglich. Die Lebensumstände der Geflüchteten erfährt sie hautnah mit und nimmt daran Anteil. Sie hat ihre Erfahrungen und Erlebnisse und vor allem die Geschichten der Menschen, die sie oft in ihrer Verzweiflung um ihren Rat und ihre Hilfe ersuchen, niedergeschrieben. Sie gibt den Menschen ein Gesicht. Dieses Buch musste geschrieben werden, damit hinter den Zahlen und administrativen Fällen das Antlitz der einzelnen Menschen sichtbar wird. Dieses Buch möchte auch Einheimischen, die nicht selbst die Gelegenheit haben, Geflüchtete persönlich näher kennenzulernen, die Gelegenheit geben, die Lebensumstände der Geflüchteten verstehen und nachvollziehen zu können. Jeanne-Marie Sindani sei Dank für ihr großes Engagement und ihr empathisches Talent, das Schicksal der Geflüchteten zu vermitteln.

Willi Dräxler
Referent für Migration des Caritasverbands der Erzdiözese München und Freising e. V.
Ehrenamtlicher Integrationsreferent des Fürstenfeldbrucker Stadtrats

Einleitung

Anfang des Jahres 2018 waren über 65 Millionen Menschen weltweit auf der Flucht, davon sind laut Bericht des Flüchtlingswerks der Vereinten Nationen (UNHCR) 40,8 Millionen Binnenvertriebene, also Menschen, die innerhalb ihrer Heimatländer geflohen sind und zum Teil schutzlos dahinvegetieren. Zudem finden 90 Prozent aller Flüchtenden nicht in Europa Aufnahme, sondern in sogenannten Entwicklungsländern mit niedrigem bis mittlerem Bruttoinlandsprodukt. Im Weltmaßstab ist die Flüchtlingskrise daher vor allem eine Krise, die sich in der südlichen Erdhalbkugel abspielt.[1]

Der Libanon hat mit 183 Flüchtlingen je 1.000 Einwohner mehr Menschen aufgenommen als jedes andere Land der Erde. In Jordanien kommen auf 6,5 Millionen Einwohner mittlerweile mehr als eine Million Schutzsuchende des syrischen Bürgerkriegs und in absoluten Zahlen leben in der Türkei mit 2,5 Millionen derzeit die meisten Geflüchteten. Auch Bernhard von Grünberg, stellvertretender Vorsitzender der UNO Flüchtlingshilfe e. V. in Bonn, bestätigte 2016: *„Nicht wir sind das Zentrum der Flucht."* Seine Organisation unterstützte deshalb mit den im Jahr 2015 gesammelten 19,5 Millionen Spendengeldern vor allem Projekte des ständig unterfinanzierten UNHCR, um so auf die Not in den Flüchtlingslagern in besonders betroffenen Regionen der Welt zu reagieren. Im Oktober 2017 befürchtete das UNHCR, dass die Eine-Million-Grenze der Rohingya-Flüchtlinge aus Myanmar, die nach Bangladesch flohen, überschritten werden könnte. Schon vor der aktuellen Krise in Jahr 2017 flohen Tausende Rohingyas aus Myanmar und haben zum Teil seit den frühen 1990er-Jahren in Cox's Bazar in Bangladesch Aufnahme gefunden.

Im Jahr 2015 haben sich, einer Studie des in Genf ansässigen Beobachtungszentrums für Binnenvertriebene[2] zufolge, so viele Menschen wie nie zuvor innerhalb ihres eigenen Landes auf die Flucht begeben. Die Zahl der Binnenflüchtlinge hat damit weltweit mit 40,8 Millionen das vierte Jahr in Folge einen weiteren Rekordstand erreicht.

---

1 UNHCR-Statistik ist eine Datenbank zu Flüchtlingen, Asylsuchenden und Binnenvertriebenen weltweit sowie historische Daten seit 1960.
2 Forschungsberichte über Binnenflüchtlinge weltweit werden jährlich von dem Beobachtungszentrum für Binnenvertriebene durchgeführt. Die Entwicklung der Binnenvertriebenen ist seit den letzten fünf Jahren von der Tendenz her steigend, wie es die Berichte des IDCM darstellt. (International Displacement Monitoring Centre (IDMC), Global Reports on international Displacement from 2012 to 2015, key international displacement developments during this period.)

Dieser Studie zufolge hat sich die Situation besonders in Ländern wie Jemen, Syrien, der Demokratischen Republik Kongo und dem Irak in den letzten Jahren verschärft. Auch in Afghanistan, der Zentralafrikanischen Republik, Kolumbien, Nigeria, dem Südsudan und der Ukraine gab es zahlreiche Binnenflüchtlinge. Im Jemen brachten sich 2,2 Millionen Menschen in Sicherheit, nachdem eine von Saudi-Arabien angeführte Koalition mit Luftangriffen gegen die Huthi-Rebellen begonnen hatte. Auch die Folgen des Arabischen Frühlings zwischen 2011 und 2012 und der Aufstieg der Terrormiliz „Islamischer Staat" (IS) hatten die Zahl der Binnenflüchtlinge in den betroffenen Ländern weiter steigen lassen. Mehr als die Hälfte aller Binnenvertriebenen stammt aus dem Jemen, Syrien, der Demokratischen Republik Kongo und dem Irak.

Migration muss deutlich von Flucht unterschieden werden. Beide Phänomene sind so alt wie die Geschichte der Menschheit auf diesem Planeten, das heißt, es ist keine Besonderheit des 20. und 21. Jahrhunderts. Sie sind auch nicht immer scharf zu trennen, sondern Äste desselben Baumes. Flucht erfolgt durch Krieg, Terror und Gewalt. Flüchtende versuchen, ihr Leben zu retten. Migration erfolgt freiwillig, wenn auch aufgrund widriger Umstände wie Hungersnot, schlechte Wirtschaftslage und Perspektivlosigkeit. Migranten verlassen die Heimat in der Hoffnung auf ein besseres Leben. Komplexe Ursachen und Hintergründe zwingen Menschen dazu, ihre Heimat zu verlassen. Die Frage, ob Fluchtursachen und deren Folgen wissenschaftlich bisher ausreichend untersucht sind, wird kontrovers diskutiert. Einig sind sich Experten hingegen, dass mehr getan werden muss, um Fluchtursachen anstelle von Flüchtlingsströmen zu bekämpfen. Denn Flucht unterscheidet sich von einem Reiseabenteuer, aber auch vom Nomadenleben und freiwilliger (Arbeits-)Migration. Hier ist es wichtig, an die humanitäre Dimension und menschliche Verpflichtung, Flüchtenden und Verfolgten Asyl und Schutz zu gewähren, zu erinnern. Asyl und Schutz vor Verfolgung sind ein fundamentales Menschenrecht, das unabhängig von den Debatten, Chancen und der Nützlichkeit von Zuwanderung weltweit verteidigt werden muss.

Es ist notwendig, in verantwortungsvoller Weise nicht nur über globale Fluchtbewegungen zu forschen, sondern auch die Ursachen der Fluchtbewegungen ganzer Völker oder Volksgruppen deutlicher zu identifizieren und sich für die Beseitigung einzusetzen. Darüber hinaus brauchen die Geflüchteten mehr Verständnis und eine gewisse Empathie. Lösungsvorschläge sollten sich den Flüchtlingen, ihren Bedürfnissen und sozialen Zusammenhängen zuwenden, denn die Hintergründe der Fluchtbewegung sich von Fall zu Fall unterschiedlich.

In den Analysen dieses Buches sind die Angaben der weltbekannten internationalen Institutionen sowie Menschenrechtsorganisationen von großer Bedeutung, denn sie tragen dazu bei, die Fallschilderungen der Schutzsuchenden in der Aufnahmeeinrichtung objektiv einordnen zu können. Auch die Untersuchungen und Berichte von Hilfsorganisationen und Katastrophendiensten und deren gesammelte Fälle in Afrika, Europa und im Nahen und Mittleren Osten lassen das Schicksal der Schutzsuchenden besser verstehen. Ursachen und Zusammenhänge der Flucht- und Migrationsbewegungen auf dem afrikanischen Kontinent stehen – mit einem Rückblick in die Vergangenheit – im Fokus meiner Analyse.

Das Engagement und die politischen Positionen der Kirche und ihrer Caritas für Flüchtlinge wurde für diese Publikation von Adelheid Utters-Adam, bis 2017 Pressesprecherin des Diözesan-Caritasverbands München und Freising, dargestellt. Sie unterstreichen, dass die Fürsorge für Flüchtlinge eine urchristliche Aufgabe ist und Kirche und ihre Caritas auf der Seite der Flüchtlinge stehen.

Mit dieser Publikation sollen die Schutzsuchenden selbst eine Stimme bekommen. Mit der Zustimmung zur Veröffentlichung der Berichte leisten sie einen Beitrag dazu, dass die Hintergründe und Ursachen dieses menschlichen Dramas unseres Jahrhunderts wahrgenommen werden. Die Namen der betroffenen Menschen wurden zu diesem Zweck anonymisiert. Ihre Berichte geben einen tiefen Eindruck des erlittenen Leid, richten aber auch den Blick in die Zukunft.

Ich wünsche mir, dass dieses Buch als Beitrag zur Völkerverständigung dient.

München, Mai 2018
Jeanne-Marie Sindani

1 Gefährliche Fluchtwege nach Europa

Die Situation in vielen Ländern ist sehr schwierig und scheint ausweglos. Krisen und Kriege, die nicht enden wollen, verursachen jeden Tag weiter Flucht und Vertreibung. Rund die Hälfte aller Flüchtlinge sind Minderjährige.

Die Fluchtwege der Menschen sind weit, die Möglichkeiten, nach Europa zu gelangen, werden immer begrenzter und gefährlicher. Die Geflüchteten kommen aus Afrika, Vorder- und Zentralasien oder dem Mittleren Osten mit Booten übers Mittelmeer. Viele von ihnen verlieren dabei ihr Leben. Menschen ertrinken, erfrieren oder verhungern auf ihrem Weg in die von Kritikern häufig als „Festung Europa" bezeichnete Europäische Union.

Zahlreiche Flüchtende nehmen die Zentrale Mittelmeerroute, die von der Stadt Agadez in Niger nach Libyen und von dort mit Booten weiter auf die italienischen Inseln Lampedusa und Sizilien oder nach Malta führt. In den vergangenen zehn Jahren starben oder verschwanden auf diesem Weg Tausende von Menschen. Andere Wege nach Europa sind die Östliche Landroute, die von der Ukraine nach Polen und in die Slowakei führt, die Westliche Balkanroute, bei der die Menschen über die Türkei und Griechenland nach Ungarn oder Rumänien kommen, sowie die stark frequentierte Östliche Mittelmeerroute, die in verschiedenen ostafrikanischen Ländern beginnt und über Ägypten, Jordanien, Libanon und Syrien in die Türkei und dann per Boot auf eine der griechischen Inseln oder das Festland führt. Dazu kommen die Westafrikanische Route über die Westsahara nach Marokko oder über Mauretanien auf die Kanarischen Inseln, die Westliche Mittelmeerroute über die spanischen Nordafrika-Enklaven Ceuta und Melilla nach Spanien sowie die Route über Apulien und Kalabrien.

Im Jahr 2015 bis Anfang 2016 waren im Schnitt täglich mehrere Tausend Menschen über die Balkanroute nach Mitteleuropa gekommen. Seit Ende Februar

2016 wurde diese sukzessiv geschlossen, sodass immer weniger Menschen diesen Weg nehmen konnten. Anfang März 2016 schloss Slowenien die Grenze für Flüchtlinge. Serbien, Kroatien und Mazedonien kündigten an, ebenso zu verfahren. Die betroffenen Balkanstaaten vereinbarten zunächst, täglich nur noch 580 Durchreisende passieren zu lassen. Dann ließ Mazedonien nur noch Syrer und Iraker durch und machte die Grenze zu Griechenland schließlich fast ganz dicht. Die Balkanstaaten selbst schufen Fakten, die auch von Österreich begrüßt wurden. Gleichzeitig verständigte sich die EU mit der Türkei auf ein Flüchtlingsabkommen, in dem Ankara versprach, illegal aus der Türkei nach Griechenland eingereiste Migranten wieder ins eigene Land zurückzunehmen. Im Gegenzug sicherte die EU zu, für jeden Flüchtling, den Ankara zurücknehme, einen Hilfesuchenden aus der Türkei aufzunehmen. Zur Versorgung der Flüchtlinge erhielt die Türkei drei Milliarden Euro von der EU. In der Folgezeit weigerten sich viele EU-Länder, insbesondere Ungarn und Polen, geflüchtete Menschen aufzunehmen.

Die restriktiven Reiseregeln betrafen vor allem jene Flüchtlinge, die noch auf der Balkanroute unterwegs waren und es zum Teil bis heute sind. Sie blieben in dem Land „stecken", in dem sie sich gerade aufhielten. So sind zum Beispiel mehrere Hundert Afghanen im Norden Mazedoniens gestrandet, nachdem man sie zu unerwünschten Wirtschaftsmigranten erklärt hatte.

Die Schließung der Balkanroute hatte natürlich auch Folgen für Tausende Flüchtlinge, die im griechischen Idomeni warteten: Ihre Chance, vielleicht doch noch weiterreisen zu dürfen, sank ein weiteres Mal. Die Lage in den Flüchtlingslagern in Griechenland wird immer wieder als katastrophal beschrieben. Die Menschen werden zum Teil von den griechischen Inseln auf das Festland gebracht, kehren in die Türkei zurück oder finden andere Wege nach Deutschland, Österreich oder Schweden. Der Strom der Flüchtlinge nach Deutschland hat zwar deutlich nachgelassen, aber aufgehört hat er nicht.

Diese „Wege voller Hoffnung" sind jedoch gefährliche Fluchtwege, die manchmal in bitterer Enttäuschung oder Tod enden. Völker verschiedener Herkunft, verschiedener Religionen und Glaubensrichtungen, unterschiedlicher Volkszugehörigkeit, Kultur und Sprache befinden sich gleichzeitig in einer Fluchtbewegung. Sie verlassen gleichzeitig ihre Heimatländer aus ähnlichen, aber vielfältigen Gründen und begeben sich auf die gefährliche Reise der Flucht, ohne zu wissen, welche Risiken sie eingehen und was sie in Europa erwartet. Sie sind nun in Deutschland angekommen. Darunter viele Kinder und heranwachsende Jugendliche, die mit ihren unschuldigen und klaren Augen das Unfassbare unserer aus den Fugen geratenen Welt beklagen und durch ihren Überlebenswillen ungeduldig auf eine Verbesserung ihrer Lebensverhältnisse warten.

Andere sind nach einem langen Marsch durch Länder, Wüsten und halbe Kontinente auch nach Monaten noch erschöpft. Der Frust sitzt tief in den Gesichtern. Viele sind unterwegs erkrankt, die körperlich schwachen Schutzsuchenden haben das Ende des Tunnels der Flucht noch nicht erreicht. Sie sind der Stille der Ewigkeit näher und haben ihre Träume irgendwo auf dem Weg verloren. Andere haben ihr Ziel nie erreicht. Sie sind in Libyen, in Italien, in der Türkei oder auf der Balkanroute gestorben oder im Meer zwischen ihrer Heimat und dem Zielland verschwunden. Mehrere Tausend hoffnungsfrohe Jugendliche, vor allem aus dem afrikanischen Kontinent, sind im Mittelmeer ertrunken. Für viele wurde die Tiefe des Meeres ohne eine Spur und ohne Abschied zum Grab[3].

Die Erwartungen der Geflüchteten an Europa sind groß. Nicht selten locken Schlepper mit völlig unrealistischen Versprechungen verzweifelte Menschen. Die, die nach Europa fliehen, unterschätzen oft völlig die kulturellen Unterschiede, das Klima, die Bürokratie und die Vorbehalte in der Bevölkerung. Schaut man auf die Europäische Union, so werden die meisten Asylanträge in Deutschland und Schweden gestellt.

Angekommen in der Aufnahmeeinrichtung, sind die Schutzsuchenden wieder damit konfrontiert, ihr Leben als Flüchtling in Deutschland zu bewältigen.

Mehr Fluchtversuche nach Spanien

Frontex berichtete im Januar 2018, dass, während die Zahl der Flüchtlinge im östlichen und zentralen Mittelmeerraum deutlich zurückging, die Zahl an Spaniens Küsten wieder stark anstieg. Über die westliche Mittelmeerroute machten sich laut Frontex vor allem Menschen aus Algerien und Marokko auf den Weg in die EU. Über die sogenannte zentrale Mittelmeerroute kamen demnach 2017 an den Küsten Italiens etwa 119.000 Menschen an; die meisten aus Nigeria, gefolgt von Guinea und der Elfenbeinküste.

Fabrice Leggeri, der Chef von Frontex, meinte Anfang 2017 in einem Interview vor der internationalen Presse in Rom, er erwarte, dass die Flüchtlingszahlen aus

---

3   Internationale Organisation für Migration (IOM) berichtet von Tausenden von Toten jährlich im Mittelmeer seit 2012 (IOM Reports Humanitarian Emergencies, Missing Migrants, Italy 2012–2017).

den nordafrikanischen Ländern im Jahr 2017 erneut ansteigen werden.[4] Nötig sei eine Kombination aus Grenzschutz und legalen Möglichkeiten der Einreise. Dazu müsse mit Herkunftsländern und Transitstaaten eng kooperiert werden, forderte Leggeri: *„Wer erst in Libyen ist, steckt oftmals in der Falle. Eine Rückreise durch die Wüste zurück in die Heimat ist wahrscheinlich genauso gefährlich wie die Fahrt übers Mittelmeer. "* Trotz insgesamt rückläufiger Zahlen prognostiziert Frontex auch für 2018 einen starken Zustrom. Das Niveau bleibe höher als vor 2015.[5]

„Angesichts der beispiellosen globalen Flüchtlingskrise kann sich Europa nicht länger vor der Verantwortung drücken", forderte auch Magdalena Mughrabi von Amnesty International.

„Wenn sich die EU, unter anderem in Libyen, nicht zur Komplizin von abscheulichen Menschenrechtsverstößen gegenüber Flüchtlingen und Migranten machen will, muss sie darauf hinwirken, dass die libysche Küstenwache bei ihrem Vorgehen die Menschenrechte beachtet, dass keine Migrantin, kein Migrant und auch kein Flüchtling unrechtmäßig in Haft gehalten wird", so Magdalena Mughrabi weiter.[6]

„Die EU müsse dafür sorgen, dass es endlich Alternativen zu der gefährlichen Reise über das Mittelmeer gibt und um dies zu erreichen, müssen die europäischen Resettlement-Programme und die Visumserteilung aus humanitären Gründen erheblich ausgeweitet werden."

Die Afrikanischen Staaten und die Europäische Union sollten ihre Bemühungen und ihre Verantwortung nicht nur auf solche kurzfristigen Lösungen richten. Sie müssen Maßnahmen für eine effektive und dauerhafte Bekämpfung der Fluchtursachen entwickeln. Es ist erforderlich, die Gründe der globalen Fluchtströme langfristig und ernsthaft auch auf lokaler Ebene, das heißt in den Herkunftsländern, zu vermindern und zu beseitigen.

Gefährliche Route durch den Sinai

Es grenzt an ein Wunder, dass die afrikanischen Flüchtlinge es überhaupt auf den Schiffen bis nach Italien schaffen. Dort ist die Zahl der Flüchtlinge aus Ostafrika, insbesondere aus Eritrea, stark angestiegen. Keine Gruppe von afrikanischen

---

4 http://www.handelsblatt.com/politik/international/grenzschutzbehoerde-frontex-zaehlt-181-000-fluechtlinge-aus-libyen/19396318.html.

5 Frontex-Bericht: Illegaler Zustrom in die EU bleibt hoch - Zwei Drittel kommen aus Afrika. https://deutsch.rt.com/europa/65636-frontex-bericht-fur-2018-illegaler-zustrom-bleibt-hoeher-als-vor-fluechtlingskrise/

6 Alfred, Charlotte, Huffington Post, June 9, 2016 and The Local Africa News, fresh perspective, June 10, 2016: How The EU Is Trying To Stop Africans Boarding Boats To Europe. http://www.thelocalafricanews.com/eu-trying-stop-africans-boarding-boats-europe/

Flüchtlingen zahlt jedoch einen höheren Preis als die Eritreer. Durch die Sinai-halbinsel auf dem Weg nach Israel, aber auch im Sudan auf dem Weg nach Ägypten, sind Hunderte, womöglich Tausende Eritreer entführt, gefoltert und getötet worden. Erst wenn ihre Angehörigen – oft im Westen, denn die eritreische Diaspora ist groß – Lösegeld an die Kidnapper gezahlt haben, kommen sie weiter. Die Verwandten in Europa, in den arabischen Emiraten oder in den USA sind auch diejenigen, die nochmals zahlen müssen, damit die Flüchtlinge ihre Schlepper bezahlen können. Sehr viele der in der Sahara oder im Mittelmeer vermissten Flüchtlinge sind Eritreer.

Sie werden im Osten des Sudans oft von lokalen islamistischen Räuberbanden gekidnappt, die sie an ein international operierendes Netzwerk von Menschenhändlern verkaufen. Diese verschleppen eritreische Flüchtlinge über die Grenze nach Ägypten und weiter auf die Sinai-Halbinsel in ein Foltercamp der dort lebenden Beduinen, arabische Nomaden und Viehzüchter.

Auf der Sinai-Halbinsel ist in den vergangenen Jahrzehnten ein Machtvakuum entstanden. Die ägyptische Militärpräsenz ist seit dem Camp-David-Friedensabkommen mit Israel von 1978 erheblich eingeschränkt worden. Die UN-Blauhelmsoldaten, die den Frieden in der strategisch wichtigen Wüstenregion überwachen sollen, halten sich vor allem in ihren Stützpunkten auf. Das haben Beduinenstämme und kriminelle Banden offensichtlich genutzt, um Milizen zu gründen und eigene Machtstrukturen zu etablieren.

Seit dem Sturz des ägyptischen Präsidenten Hosni Mubarak im Februar 2011 hat sich der Sinai, mit einer Fläche so groß wie Bayern, noch weiter zu einem Territorium ohne Recht und Gesetz entwickelt. Während Urlauber im Süden der Halbinsel an Hotelstränden in der Sonne baden, versetzen bewaffnete, kriminelle Banden und militante Islamisten den Norden in Angst und Schrecken. Sie verüben Bombenanschläge auf Gasleitungen und feuern mit Maschinengewehren und Raketen auf Polizeistationen und Checkpoints. Immer wieder gibt es Tote und Verletzte. Experten fürchten, auf dem Sinai könnte eine neue Operationsbasis für das Terrornetzwerk Al-Qaida entstehen, direkt an der Grenze zu Israel. In diesem Chaos gehen die Kidnapper und Folterer, die laut den Vereinten Nationen einem der weltweit grausamsten Netzwerke des Menschenhandels angehören, unbehelligt ihren blutigen Geschäften nach. Eine Mitarbeiterin der in Israel ansässigen Organisation *Ärzte für Menschenrechte* äußerte sich 2015 in einer Mitteilung:

„Die Spur der Menschenhändler führt nach Al-Arish, in die Hauptstadt der ägyptischen Provinz Nordsinai. Vier Autostunden nordöstlich von Kairo und keine siebzig Kilometer von der Grenze zum Gaza-Streifen und zu Israel entfernt, drängen sich Tausende unverputzter Backsteinhäuser in der Wüste. Hinter einem langen Strand am türkisfarbenen Mittelmeer steht die ägyptische Staatsmacht fast täglich unter Beschuss. Die Fassade der Polizeistation ist von Kugeln durchsiebt. Militante Islamisten haben sie aus vorbeifahrenden Geländewagen mit Schnellfeuergewehren angegriffen. In Stellungen aus Sandsäcken und Stacheldraht verschanzt sollen Soldaten hinter aufgebockten Maschinengewehren die Polizisten beschützen, die an den zahlreichen Checkpoints der Stadt rund um die Uhr Straßenkontrollen vornehmen."

Die Flüchtlinge kommen vor allem aus Eritrea, aber auch aus dem Sudan, aus Äthiopien und Somalia. Die Überlebenden berichten über unbeschreibliche Gräueltaten. Ihre Kidnapper schlagen sie mit Stöcken, Ketten und Eisenstangen, bis sie ihnen die Telefonnummern ihrer Familien verraten. Sobald die Verbindung steht, beginnt die Folter. Die Kidnapper drücken ihren Opfern Zigaretten in den Gesichtern aus, brandmarken sie mit glühendem Metall, überschütten sie mit kochendem Wasser. Sie umwickeln ihre Finger mit Kabeln und drücken sie in die Steckdose, bis das Fleisch ausgeblutet wird, oder sie gießen ihnen Diesel über den Kopf und zünden sie an, während die Angehörigen der Gefolterten daheim ihre Schreie über Handy mit anhören müssen. Gelingt es den Kidnappern mit ihren Foltermethoden nicht, das Lösegeld zu erpressen, dann töten sie ihre Geiseln oder führen sie Organhändlern zu, die ihnen Nieren, Leber, Herz und Augen entnehmen und verkaufen.

Von den rund 60.000 afrikanischen Migranten, die es nach Schätzungen von *Ärzte für Menschenrechte* in den vergangenen Jahren illegal über die ägyptische Grenze nach Israel geschafft haben, sind bis zu 7.000 in den Folterkammern der Beduinen misshandelt worden. Mehr als 4.000 haben die Torturen nicht überlebt; ihre Leichen blieben in der Wüste liegen. Laut der Organisation sollen sich rund tausend Menschen 2016 noch in den Fängen der Kidnapper befunden haben.[7]

---

7 Ärzte für Menschenrechte/Israel: Ziel der Organisation ist es, die gesundheitlichen Menschenrechte aller BewohnerInnen Israels und der besetzten Gebiete zu verteidigen und zu fördern. Dies sehen sie als eine Voraussetzung für soziale Gerechtigkeit und als eine Verpflichtung, die sich aus den Internationalen Menschenrechten ergibt. Sie prangern offensiv an, dass die medizinische Versorgung unter anderen soziale Ziele untergeordnet wird. Der Kampf gegen jede Art von Folter und besonders die Einbindung von medizinischem Personal in diese Praktiken gehört zu ihren zentralen Arbeitsfeldern. Sie dokumentieren, lobbyieren und greifen mit konkreten Projekten ein, wenn sie diese Rechte auf eine menschenwürdige medizinische Versorgung verletzt sehen. Die Organisation ist auch in der Flüchtlingshilfe sehr aktiv.

Viele überlebende Schutzsuchende aus Ostafrika sind im Süden von Tel Aviv gestrandet. Ha'ir Hakvusha – „besetzte Stadt" nennen die Tel Aviver dieses Stadtviertel, in dem überwiegend afrikanische Einwanderer leben.

Die IOM (International Organisation of Migration) berichtete über geschätzte 204.311 Migranten und Flüchtlinge, die bis zum 30. Mai 2016 über das Mittelmeer in Italien, Griechenland, Zypern und Spanien angekommen waren. Nach einem Anstieg der gemeldeten Schiffswracks und anderer Zwischenfälle in den Monaten Januar bis Mai 2016 waren die geschätzten Todesfälle bis zum 30. Mai 2016 auf 2.443 auf allen Mittelmeerrouten gestiegen – ein Anstieg um 34 Prozent in den ersten fünf Monaten gegenüber der gleichen Periode des Jahres 2015. IOM-Mitarbeiter interviewten einen überlebenden jungen Eritreer:

> „Es waren viele Frauen und Jungen im Laderaum. Wasser lief ins Boot, aber wir hatten eine Pumpe, die uns half, das Wasser herauszupumpen. Als der Pumpe der Treibstoff ausging, baten wir den Kapitän des ersten Bootes um mehr Treibstoff, aber er sagte Nein. An diesem Punkt gab es nichts mehr zu tun: das Wasser war überall und wir fingen langsam an zu sinken. Es waren 35 Frauen und 40 Kindern mit mir im Boot, sie sind alle gestorben", sagte er.

Ein weiterer tödlicher Zwischenfall, der von der IOM Ende Mai 2016 gemeldet wurde, ereignete sich vor der italienischen Küste. Nach der Rettungsaktion der Überlebenden berichteten die IOM-Mitarbeiter, dass die Zahl der bestätigten Todesopfer 250 betrug, nicht 100, wie anfänglich angenommen. Andere Überlebende, die durch das Schiff „Reina Sofia" gerettet wurden, das 45 Menschen aus dem Wasser holte, bezeugten, dass ihr Boot etwa 350 Personen beförderte. Etwa 280 davon fehlten. Federico Soda, Direktor des IOM-Koordinationsbüros für den Mittelmeerraum in Rom, stellte fest:

> „Die Zunahme der Ankunftszahlen ist zum Teil auf ein besseres Wetter und zum Teil auf den Einsatz größerer Holzboote zurückzuführen, die mehr Menschen tragen können als die Gummiboote. Schmuggler belegen die Holzboote mit über 700 Flüchtlingen, während die Gummiboote in der Regel nur 100 bis 120 Personen tragen können. In den letzten Tagen hatten wir große Unfälle mit unsicheren Holzbooten. Dies erklärt auch die Zunahme der Zahl der toten oder vermissten Migranten: Ein Unfall kann zu Hunderten von Todesopfern führen."

In einem anderen Fall, bei dem 500 Menschen ums Leben kamen, sei der Motor des Bootes ausgegangen. Überlebende berichteten, dass sie nicht unter solchen

Bedingungen abreisen wollten, wurden jedoch von den Schmugglern an Bord gezwungen.

„Dies ist ein humanitärer Notfall in der Wüste und auf See, wo Tausende von Menschen sterben. Für den Augenblick ist die Zahl der ankommenden Flüchtlinge gleich wie im vergangenen Jahr, aber die Zahl der Todesfälle, die in diesem Jahr registriert wurden, ist bereits im Vergleich zum gleichen Zeitraum 2015 höher. Ohne die hervorragende Arbeit der vielen Rettungsschiffe, die im Kanal von Sizilien patrouillieren, wäre die Zahl der Todesopfer noch höher gewesen", fügte Soda hinzu.

Junge, starke Männer können den repressiven Regimen, dem Krieg und der Perspektivlosigkeit in vielen afrikanischen Ländern entkommen. Die Ärmsten können nicht flüchten, nicht einmal vor Naturkatastrophen, die durch den Klimawandel immer öfter vorkommen. Wer flüchten kann, hat meist auch Geld, ist entweder gebildet oder jung und gesund. Und wie alle gut ausgebildeten, tatkräftigen jungen Menschen wollen die Afrikaner ein besseres Leben in ihrem Kontinent und suchen eine berufliche Herausforderung und wirtschaftlichen Erfolg da, wo er möglich scheint. Leider gibt es zurzeit nur in wenigen Ländern Afrikas stabile wirtschaftliche und politische Verhältnisse[8]. Dass junge Leute auf der Suche nach guten Lebenschancen ihre Heimat verlassen, zeigte sich übrigens auch in Europa nach der Finanzkrise, wo viele Migranten aus Spanien, Griechenland und zuletzt auch aus Italien wieder verstärkt Jobs in Deutschland suchen.

---

8   Schmid, Susanne: *Vor den Toren Europas? Das Potenzial der Migration aus Afrika.* Forschungsbericht-BAMF, Berlin, 27.01.2010.

2 Fluchtbewegungen – Drama des 21. Jahrhunderts

Die globalen Migrations- und Fluchtbewegungen nehmen zu und stellen weltweit eine gesellschaftliche Herausforderung in den Aufnahmeländern dar. In den Jahren 2015 und 2016 kam eine große Zahl geflüchteter Menschen auch nach Europa und viele von ihnen nach Deutschland.

Organisation der Aufnahme von Asyl- und Schutzsuchenden

Die Aufnahme von Asyl- und Schutzsuchenden erfolgt in Deutschland nach einem geregelten Verfahren des Bundesamts für Migration und Flüchtlinge (BAMF). Zuständig für die Durchführung des Asylverfahrens ist der Bund durch das BAMF. In Deutschland angekommen, stehen insbesondere die Unterkunft und die Verpflegung im Mittelpunkt, eine wichtige Rolle spielt jedoch auch die Krankenversorgung der Flüchtlinge. Im Hinblick auf die gesundheitliche Versorgung müssen einige Besonderheiten beachtet werden, die von den Regularien der gesetzlichen und privaten Krankenversicherung abweichen. Das zuständige Landratsamt stellt den Schutzsuchenden einen Krankenbehandlungsschein anstatt einer Krankenversicherungskarte aus. Flüchtlinge erhalten den notwendigen Bedarf an Gesundheitsleistungen, wie zum Beispiel Vorsorgeuntersuchungen, Schutzimpfungen und Behandlung akuter Krankheiten und Symptome. Sie haben jedoch keinen Anspruch auf Rehabilitationsmaßnahmen und Ähnliches. Nur Schwangere und Kinder haben einen ganzheitlichen Anspruch auf ärztliche und pflegerische Hilfe und Betreuung. Nach Ablauf von 15 Monaten sind Asylbewerber den Leistungsempfängern der Krankenkassen hinsichtlich ihres Anspruchs gleichgestellt, sodass kein Unterschied zwischen einem gesetzlich Versicherten und einem Asylbewerber besteht. Der Asylbewerber erhält dann auch ein Anrecht auf die elektronische Gesundheitskarte.

Verantwortlich für die Unterbringung der Asylbewerber sowie die Gewährung medizinischer Versorgung und der Geld- und Sachleistungen zu ihrer Existenzsicherung sind die Bundesländer. Zur Erstunterbringung haben die einzelnen Bundesländer Aufnahmeeinrichtungen geschaffen, an die die Außenstellen des BAMF angeschlossen sind. Die übrigen Bundesländer haben dieses in Nordrhein-Westfalen (NRW) entwickelte Modell der Flüchtlingsaufnahme grundsätzlich übernommen. Natürlich gibt es in einigen Bundesländern zusätzlich spezielle Formen der Unterbringung. Asylsuchende erhalten unmittelbar Leistungen für Unterkunft, Ernährung, Heizung, Kleidung, Gesundheits- und Körperpflege sowie Gebrauchs- und Verbrauchsgüter für den Haushalt (notwendiger Bedarf). Hinzu kommen Leistungen bei Schwangerschaft, Krankheit und eventuell bei anderen möglichen Lebenssituationen mit erhöhtem finanziellem Bedarf. Des Weiteren erhalten Asylsuchende Leistungen zur Deckung ihrer persönlichen Bedürfnisse des täglichen Lebens, etwa notwendiger persönlicher Bedarf und Taschengeld.

Die Verteilung erfolgt nach dem EASY-Verfahren (EASY ⇔ Erstaufnahme Asyl), das eine gleichmäßige Auslastung aller Bundesländer sicherstellen soll. Bei der zuständigen Außenstelle des Bundesamtes wird ein Anhörungstermin festgesetzt, und in der Zwischenzeit erfolgt eine Unterbringung in einer Erstaufnahmeeinrichtung. Von da aus wird in der Regel nur dann in eine kommunale Unterkunft verteilt, wenn der Asylantrag nicht als offensichtlich unbegründet eingestuft wird. Andernfalls wird versucht, den Schutzsuchenden direkt aus der Erstaufnahmeeinrichtung abzuschieben.

In Bayern bleibt die Zentrale Ausländerbehörde (ZAB) für alle ausländerrechtlichen Fragen einschließlich der freiwilligen Rückkehr oder Abschiebung zuständig, solange eine Einrichtung des Landes bewohnt wird.

Die Angst vor Abschiebung nach Ablehnung des Asylantrages

Wenn Flüchtlinge trotz aller Widrigkeiten die Grenze der EU überwunden haben, haben sie das Recht auf ein Asylverfahren in nur einem EU-Land. Das Land, in dem sie das Verfahren durchführen, können sie nicht frei wählen. Welches Land zuständig ist, hängt von vielen Faktoren ab, die in dem Dublin-III-Abkommen aufgezählt werden.[9]

---

9 Verordnung (EU) Nr. 604/2013 des Europäischen Parlaments und des Rates vom 26. Juni 2013 zur Festlegung der Kriterien und Verfahren zur Bestimmung des Mitgliedstaats, der für die Prüfung eines von einem Drittstaatsangehörigen oder Staatenlosen in einem Mitgliedstaat gestellten Antrags auf internationalen Schutz

Wenn Flüchtlinge, die nach Deutschland eingereist sind, bereits in einem anderen EU-Land einen Asylantrag gestellt haben, ist Deutschland nicht für die Durchführung des Asylverfahrens zuständig. Flüchtlinge, deren Asylantrag erfolglos endet, werden entweder in ihre Heimat abgeschoben oder nach dem Dublin-Verfahren, in das EU-Land zurückgeschickt, in dem sie erstmals europäischen Boden betreten und einen Asylantrag gestellt haben.[10] Manche von ihnen werden „geduldet" und erhalten somit die Berechtigung, für eine sehr begrenzte Zeit in der Bundesrepublik Deutschland zu bleiben.[11]

Wenn Deutschland nach diesen Regelungen für das Asylverfahren nicht zuständig ist, lehnt das Bundesamt für Migration und Flüchtlinge (BAMF) den Asylantrag als unzulässig ab.[12] Die Ablehnung des Asylantrages führt meistens zu Panik und großer Frustration, die ein depressives Verhalten hervorrufen und bis zu suizidalen Gedanken führen können. Diese Fälle treten sehr oft bei den Flüchtlingen mit geringer Bleibechance auf oder bei Flüchtlingen aus sicheren Herkunftsländern. Die Geflüchteten reagieren unterschiedlich auf die Ablehnung. Nicht wenige von ihnen werden psychisch krank und müssen in psychiatrischen Kliniken behandelt werden. Allerdings sei darauf hingewiesen, dass diese Ablehnung nicht bedeutet, dass zugleich der Asylantrag endgültig abgelehnt wäre. Er muss weiter geprüft werden – nur nicht in Deutschland, sondern in jenem EU-Staat, in den überstellt wird. Das BAMF muss dem Flüchtling die Entscheidung, dass der Asylantrag als unzulässig abgelehnt wird, zustellen. Die Entscheidung muss eine Rechtsmittelbelehrung enthalten, in der erklärt ist, was der Flüchtling gegen diese Entscheidung tun kann.[13]

Es ist möglich, gegen die Ablehnung des Asylantrags Klage wegen Unzulässigkeit beim Amtsgericht zu erheben. Die Klage selbst hat keine aufschiebende Wirkung, das heißt, allein die Klageeinreichung verhindert die Abschiebung nicht. Seit der Neuregelung des § 34a AsylG besteht die Möglichkeit, innerhalb einer Woche nach der Bekanntgabe der Entscheidung einen Eilantrag an das Verwaltungsgericht zu stellen, um die sofortige Abschiebung zu verhindern.[14]

---

zuständig ist (Neufassung); die Dublin-II-Verordnung (Verordnung (EG) Nr. 343/2003) wird darin aufgehoben (Art. 48).

10 Das Dublin-Abkommen ist ein völkerrechtlicher Vertrag über die Bestimmung des zuständigen Staates für die Prüfung eines in einem Mitgliedstaat der Europäischen Union gestellten Asylantrags. Es wurde 2015 vorübergehend ausgesetzt, Flüchtlinge, die über Griechenland und Italien angekommen waren, in Deutschland Asyl beantragen konnten.

11 Art. 3 Abs. 2 Dublin-III-Verordnung.

12 Zu den Einzelheiten siehe bitte § 27a AsylG.

13 Art. 26 Dublin-III-Verordnungen gibt wichtige Hinweise darauf.

14 Vgl. Art.27 Dublin-III-Verordnung.

Stellen die abgelehnten Flüchtlinge diesen Eilantrag nicht oder lehnt das Gericht ihn ab, können sie abgeschoben werden, obwohl über die Klage noch nicht entschieden ist. Wenn sie aufgrund ihres Fluchtwegs oder eines ausgestellten Visums befürchten müssen, einen Dublin-III-Bescheid zu erhalten, sollten sie sich umgehend an einen Anwalt oder eine Anwältin wenden.[15]

Solange die Asylsuchenden sich im *Dublin-Verfahren* befinden, haben sie eine Aufenthaltsgestattung oder eine Duldung.[16]

Personen ohne gültige Einreisepapiere werden zurzeit an den Grenzen zunehmend zurückgewiesen. Theoretisch können alle Flüchtlinge nach der sogenannten Dublin-Verordnung in das Land zurückgeschickt werden, in dem sie zuerst den Boden eines Schengen-Landes[17] betreten haben. Dort muss der Asylantrag gestellt und bearbeitet werden. Allerdings muss nachweisbar sein, wo jemand eingereist ist. Eine solche Prüfung kostet Zeit und wird derzeit nicht an der Grenze vorgenommen. Zudem konnte Deutschland von 2011 bis August 2017 nach entsprechenden Gerichtsurteilen keine Flüchtlinge nach Griechenland zurückschicken, weil dort der Unterbringungsstandard als unzureichend angesehen wird. Seit August 2017 sind Rückführungen nach Griechenland wieder möglich. Doch Griechenland stimmt den Rückführungsanträgen nur sehr zögerlich zu. Menschenrechtsorganisationen kritisieren die Wiederaufnahme des Dublin-Verfahrens. Sie halten die Bedingungen im griechischen Asylsystem noch immer für menschenunwürdig.

Allerdings hat jede Gesellschaft eine Leistungsgrenze. Wenn der Zustrom der Schutzsuchenden größer ist als die Aufnahmekapazität des Ziellandes, kommt es zu einer Bevorzugung bestimmter Schutzsuchender. Diejenigen, die eine Bleibechance haben, sollten sich bemühen, ein neues Leben zu starten, um sich in die Aufnahmegesellschaft adäquat einbringen zu können. Manche Flüchtlinge erhalten einen subsidiären Schutz oder ein Abschiebungsverbot für eine Dauer von ein bis zwei Jahren.

Anders gestaltet es sich für die Kategorie der Schutzsuchenden, die den Kriterien nicht entsprechen. Für sie gibt es mehrere Optionen. Entweder sie setzen ihre

---

15 Zum Ablauf des Dublin III-Verfahrens ausführliche Hinweise in Kapitel 4.1.
16 Siehe Kapitel 10 und Kapitel 17, Dublin-III-Verordnungen.
17 Der Schengen-Raum, benannt nach dem „Schengen Abkommen" von 1995, bezeichnet ein Gebiet, in dem sich 26 verschiedene europäische Nationen innerhalb und außerhalb der EU auf die Abschaffung der Binnengrenzen sowie auf den freien und unbeschränkten Verkehr von Personen, Gütern, Dienstleistungen und Kapital einigten.

qualvolle Flucht rund um die Welt fort und hoffen, irgendwann und irgendwo lebendig zu stranden. In Deutschland tauchen sie oft unter und leben als Illegale. Oder sie werden nach dem Dublin-Verfahren in das Land innerhalb Europas zurückgebracht, in das sie zuerst eingereist sind. Im schlimmsten Fall werden sie in ihre Heimat abgeschoben.

Über die Hälfte der schutzsuchenden Menschen sind unter 35 Jahre, darunter viele Minderjährige. Diejenigen von ihnen, die eine Bleibechance in der Bundesrepublik haben, können einen Beitrag zur Aufrechterhaltung der sozialen Stabilität und zur Reduzierung der Überalterung der Gesellschaft leisten, wenn ihnen angemessene gesellschaftliche Teilhabechancen ermöglicht werden. Denn unter ihnen gibt es sowohl gut ausgebildete Fachkräfte wie auch ausbildungsfähige junge Menschen, die sich um ihre gesellschaftliche Integration bemühen. Die Willensstärke vieler überlebender Flüchtlinge, mit der sie an einem Neuanfang arbeiten, ist sehr bewundernswert. Diese Erkenntnisse erwecken einerseits tiefen Respekt, andererseits entstehen auch Sorgen, ob die Integration gelingt.

Hinter den Zahlen der Schutzsuchenden, die nach Europa einreisen, stehen die Schatten dramatischer Einzelschicksale der geflüchteten Menschen. Unabhängig von den Herkunftsländern sind die vorwiegenden Fluchtgründe ähnlich, der Fluchtweg risikoreich und lebensgefährlich. Die Betreuung der Flüchtlinge in der Aufnahmeeinrichtung und die Beschäftigung mit ihnen ermöglichen es, das Leid der geflüchteten Menschen besser zu verstehen, mit Sorgfalt zu agieren und achtsam mit ihnen umzugehen. Die meisten Leute, die fluchtartig ihre Heimatländer verlassen mussten, haben Schreckliches erlebt und Unvorstellbares durchgemacht. Manche haben Familienangehörige auf der Flucht verloren; sie konnten es nicht verhindern und hatten weder die Zeit noch die Möglichkeit zu trauern. Andere haben alles verloren und müssen bei Null anfangen.

Europäischer Gerichtshof stellt die Asylpraxis der EU in Frage

Das Dublin-Abkommen, das bei vielen Geflüchteten in Deutschland für Angst und Unruhe gesorgt hatte, steht möglicherweise auf dem Prüfstand. Es besagt, dass derjenige EU-Staat für die Aufnahme und das Asylverfahren zuständig sei, in welchem der Antragsteller erstmals Europäischen Boden betreten habe. Es könnte sein, dass das nicht mehr lange gilt. Die Generalanwältin am Europäischen Gerichtshof, die Britin Eleanor Sharpston, vertritt 2016 in einem Gutachten die Position, dass Ausnahmen von der gemeinsamen EU-Asylpraxis zulässig seien. Das sei insbesondere dann der Fall, wenn Länder mit einer EU-Außengrenze mit „außergewöhnlich hohen Zahlen von Asylbewerbern" konfrontiert seien. Dann bestehe nämlich das Risiko, dass sie nicht in der Lage seien, die Situation zu bewältigen und ihre Verpflichtungen bei Aufnahme und Versorgung einzuhalten. Griechenland und Kroatien hätten während der Flüchtlingswelle über den Balkan unmöglich alle Fälle der Ankommenden allein prüfen können, betont Sharpston in ihrem Gutachten.

Die Generalanwältin legt ihren Finger noch auf einen weiteren wunden Punkt: „Dublin" regele nur die Zuständigkeiten für illegal eingereiste Flüchtlinge und Migranten. Der „Massenzustrom von Drittstaatenangehörigen", den Europa im Jahr 2015 auf der Balkanroute erlebt habe, könne aber nicht als illegaler Grenzübertritt bewertet werden.

Mehrere EU-Mitgliedstaaten hätten die Ein- und Durchreise durch ihr Hoheitsgebiet nicht nur erlaubt, sondern zum Teil aktiv erleichtert.

Das Gutachten für den Europäischen Gerichtshof (EuGH) stellt die Asylpraxis der Europäischen Union infrage. Es vertritt die Position, dass Ausnahmen zulässig seien. Zwei aktuelle Fälle haben zu diesem Anlass geführt. Die beiden Fälle, über die der EuGH am 26. Juli 2017 zu entscheiden hatte, betreffen einen syrischen Flüchtling sowie zwei afghanische Frauen. Sie waren 2015 zusammen mit einer Million weiterer Flüchtlinge, Vertriebener und Migranten über die sogenannte Balkanroute nach Europa gelangt. Der Syrer hatte in Slowenien ein Asylgesuch gestellt, die beiden Afghaninnen in Österreich. Beide Länder lehnten die Anträge ab. Die Flüchtlinge seien nicht bei ihnen in die EU eingereist, sondern über Griechenland und Kroatien, hieß es zur Begründung. Der Syrer und die Afghaninnen seien zwar nicht wirklich legal, aber auch nicht illegal in die EU eingereist, betont Sharpston. Die Dublin-Verordnung sei *„schlicht nicht für solche außergewöhnlichen Umstände gedacht gewesen".*

Zuständig für die Aufnahme und das Asylverfahren wäre nach Ansicht der Generalanwältin in derartigen Situationen nicht das Land, in welchem der Antragsteller ankommt, sondern das Land, in dem er erstmals einen Asylantrag stellt. Sollten die Europa-Richter dieser Argumentation folgen, würde also das zentrale Dublin-Prinzip außer Kraft gesetzt. Doch Sharpston ist überzeugt: In Situationen wie 2015 würde eine enge Auslegung von „Dublin" von vornherein die Verteilung der Flüchtlinge innerhalb der EU festlegen. Darauf ziele das Abkommen jedoch nicht ab.

In der Tat bestand das wichtigste Ziel der Dublin-Verordnung darin, die „Asyl-Nomaden" und das Stellen von Anträgen in mehreren Ländern zu unterbinden. Stattdessen wird Dublin heute vor allem dazu benutzt, den Mittelmeerländern der Europäischen Union die gesamten Flüchtlings- und Migrationsströme aus dem Nahen Osten und Afrika aufzubürden.

Die italienische Regierung in Rom konzentriert sich dabei insbesondere auf die „illegale Einreise". Sie betont, die Flüchtlinge und Migranten, die im Rahmen der humanitären Operationen der italienischen Küstenwache und der Marine vor dem sicheren Tod gerettet werden, könnten ebenfalls nicht als illegal eingereiste Personen eingestuft werden. Auch sie würden damit nicht vom Dublin-Abkommen erfasst. Dass die Flüchtlinge sicher an Land gebracht würden, sei letztlich *„eine Verpflichtung aus der Genfer Menschenrechtskonvention"*.

Mit großer Hoffnung blickte vor allem Italien dem EuGH-Urteil entgegen. Seit der Schließung der Balkanroute ist Italien wieder das Land, in dem mit Abstand die meisten Flüchtlinge und Migranten ankommen. 180.000 waren es 2016, im September 2017 waren es etwa 120.000, die genaueren Zahlen für 2017 sind noch nicht bekannt. Die italienische Regierung hat deshalb eine Stellungnahme an den EuGH geschickt, in welcher die Argumentation von Generalanwältin Sharpston um einige spezifisch italienische Argumente erweitert wird. Europas Asylregeln stehen wohl vor dem Umbau; erst 2013 erlassen, sind sie ohnehin gerade in einer Generalrevision. Ein Qualitätssprung ist fraglich, denn nationale Egoismen verhindern weiterhin eine Lösung der alten Schlüsselfrage, wie Flüchtlinge fair verteilt werden können.

Einen „Kampf um Solidarität" nannte das Ska Keller, Migrationsfachfrau der Grünen im Europaparlament und Fraktionsvorsitzende. Während sich im Parlament eine Mehrheit dafür abzeichnet, das Dublin-System radikal zu reformieren und Flüchtlinge direkt bei Ankunft auf die EU-Mitgliedstaaten zu verteilen, will die EU-Kommission dies nur in Zeiten, in denen sehr viele Menschen kommen – wohl in realistischer Einschätzung der Aufnahmebereitschaft der nördlichen Mitgliedstaaten, die anders als Italien und Griechenland weit weg von Afrika und dem Nahen Osten liegen.

Italiens Drohungen haben Wirkung gezeigt. Ob sie dem südlichen EU-Staat, der allein im Juni 2017 rund 12 000 neue Mittelmeerflüchtlinge aufgenommen hat, tatsächlich die erhofften Erleichterungen bringen werden, bleibt aber abzuwarten. Italien ist derzeit Hauptanlaufpunkt für Flüchtende, die in die EU kommen wollen. 83.000 Menschen kamen von Januar bis Juli 2017, der überwiegende

Teil von Libyen aus, über das Mittelmeer. Weil die Aufnahmekapazitäten er-schöpft sind und die EU-Partner nicht einmal ihre bisherige Zusage einhalten, 35.000 Flüchtlinge aus Italien umzuverteilen, hatte der damalige Innenminister Marco Minniti angekündigt, Italien wolle künftig Schiffe mit geretteten Flücht-lingen abweisen. Diese – besonders jene privater Hilfsorganisationen – sollten auf andere EU-Häfen ausweichen.[18]

---

18 Dieser Link liefert dazu noch interessante Informationen: The Local Africa News, fresh perspective: How The EU Is Trying To Stop Africans Boarding Boats To Europe http://www.thelocalafricanews.com/Eu-trying-stop-africans-boarding-boats-Europe/

3 Situation ankommender Schutzsuchender

Von allen Herkunftsländern haben Menschen aus den Ländern Eritrea, Irak, Iran, Syrien und Somalia (Top 5) eine gute Bleibeperspektive in der Bundesrepublik Deutschland, genießen damit während ihres Asylverfahrens viele Vorteile, die die Schutzsuchenden anderer Herkunftsländer nicht haben[19]. So erhalten Personen aus den Top-5-Ländern unter anderem schnell eine Arbeitserlaubnis, können an Deutsch- und Integrationskursen teilnehmen und die Kinder und Jugendlichen können sofort die Regelschule beziehungsweise Übergangsklassen besuchen. Andere geflüchtete Kinder im Schulalter, Jugendliche sowie Erwachsene aus anderen Ländern können während des Asylverfahrens nur den elementaren Deutschkurs in der Aufnahmeeinrichtung besuchen. Seit Herbst 2016 ist dies auch außerhalb der Einrichtung möglich.

Neben dem Erwerb der deutschen Sprache wollen viele Asylsuchende eine Tätigkeit ausüben, sich ehrenamtlich beschäftigen oder sich weiterbilden. Sie können nach sechs Monaten Aufenthalt in Deutschland eine Arbeitserlaubnis unter bestimmten Voraussetzungen erhalten. Allerdings sehen sich Flüchtlinge aufgrund von Schwierigkeiten bei der Anerkennung von Berufsabschlüssen, fehlenden Unterlagen, Ausbildungsdefiziten oder unzureichenden Sprachkenntnissen auf dem Arbeitsmarkt mit vielfältigen Hindernissen konfrontiert. Erschwerend kommt hinzu, dass bei unsicherem Aufenthaltsstatus von Geflüchteten die Arbeitgeber zögern, Asylbewerber einzustellen. Dies führt zu großer Frustration bei vielen Flüchtlingen in der Aufnahmeeinrichtung.

---

19 Menschen, die aus Ländern mit einer Anerkennungsquote von über 50 Prozent kommen, haben eine gute Bleibeperspektive. 2017 traf dies auf die Herkunftsländer Eritrea, Irak, Iran, Syrien und Somalia zu. Welche Herkunftsländer eine Schutzquote von über 50 Prozent erfüllen, legt das BAMF fest.

In der Aufnahmeeinrichtung im Fliegerhorst in Fürstenfeldbruck begegnet man erwachsenen Menschen, Jugendlichen und Kindern verschiedener Herkunftsländer, unterschiedlicher Volkszugehörigkeit und Kulturen. Bei aller Unterschiedlichkeit haben sie doch alle die gleichen Bedürfnisse.

Beratungsalltag in der Aufnahmeeinrichtung und Fluchterfahrungen

Anhand der Geschichten, die mir die schutzsuchenden Menschen anvertraut haben, wurde mir sehr klar, dass wir hier Überlebende des Fluchtdramas unseres Jahrhunderts betreuen. Wir haben es mit Menschen zu tun, die Unvorstellbares durchgemacht haben, sich zwar in Sicherheit aber immer noch in großer Not befinden und viele körperliche und seelische Schmerzen in sich tragen. Unter ihnen sind sowohl traumatisierte, resignierte, als auch selbstbewusste, zum Teil aggressive und tapfere Menschen. Sie müssen sich sehr anstrengen, um die neue gesellschaftliche Orientierung zu meistern. Dafür brauchen sie unsere Rücksicht, unsere Unterstützung und Aufmerksamkeit. Ich rief mir die Botschaft Christi in Erinnerung, die die Grundlage für unseren Dienst bei der Caritas ist und aus dem sich das Leitmotiv unseres Verbandes ableitet: *Caritas. Nah am Nächsten.* Diese uns von Jesus vermittelte Nächstenliebe gibt mir die Kraft, die Einsicht und die Fähigkeit, zusammen mit Fachwissen und internationalen und multikulturellen Erfahrungen angemessen mit den vielfältigen Problemen der Schutzsuchenden umzugehen.

Wir wollen in die Schule gehen!

Fara, Rehza und *Razia,* drei Mädchen aus Afghanistan, kamen mit ihrer Mutter fast alle zwei Tage mit demselben Anliegen zur Beratung: Sie wollten in die Schule gehen! Die drei Geschwister sprachen verständliches Englisch; sie waren freundlich, gelassen, aber stur. Sie wollten nur eins: *lernen!*

Es war Anfang April 2016. Damals gab es keine Berufsintegrationsschule in der Aufnahmeeinrichtung für Jugendliche unter 22 Jahren. Die Stimmung war zu dieser Zeit in der ganzen Einrichtung schlecht. Schuld daran war auch das Wetter. Es war noch kühl und sehr wechselhaft. Kaum hatte es aufgehört zu schneien, fing der Regen an. Die Sonne ließ sich noch nicht blicken, sie versteckte sich hinter den dicken Aprilwolken. Das Wetter führte bei vielen zu einer melancholischen Stimmung und verstärkte die Langeweile im Alltag. Das ist immer eine große Herausforderung für Kinder und heranwachsende Schutzsuchende, die meistens in großer Anzahl in einem Raum untergebracht sind. Die drei afghanischen Mädchen kamen dieses Mal zur Asylsozialberatung so entschlossen wie nie zuvor:

„Ich will ab heute mit meinen Schwestern zur Schule gehen, wir wollen lernen, nur lernen, wie man Rechtsanwältin, Professorin und Doktor (Ärztin) wird, so können wir anderen Mädchen in Afghanistan helfen", erklärte Razia mit ihrer melodischen Stimme. *„Oh là là! Das klingt echt sehr gut"*, sagte ich begeistert zu den drei mutigen Geschwistern. *„Ihr seid Malala's Verbündete! Ich bin schon stolz auf euch drei. So sollte es sein, die Zukunft gehört euch. Ihr solltet daraus das Beste machen und anderen helfen, wie Malala es tut. Sie ist die Botschafterin der Mädchenrechte in Afghanistan und Vorbild vieler Mädchen, die keine Rechte auf Bildung haben. Aber habt ihr keine Angst vor den Taliban, andere Mädchen für Bildung zu ermutigen?"*, fragte ich die drei mutigen Mädchen.

„Nein! Nein! Nein! Wir haben keine Angst vor den Taliban. Sie werden schon Respekt vor uns haben", antworteten die drei spontan und gleichzeitig wie in der Schule. Entschlossen wie die drei Musketiere saßen sie vor mir.

Razia, 16, erklärte weiter: *„Gewalt und Krieg haben alles in Afghanistan zerstört. Aber nur das Wissen wird uns dabei helfen, das Land wiederaufzubauen. Wir werden keine Gewalt anwenden, deshalb brauchen die Taliban auch keine Angst vor uns zu haben. Viele Taliban sind Analphabeten, wir können ihnen das Schreiben und das Lesen beibringen. Sie werden aufhören zu kämpfen, weil sie danach eine Arbeit finden können. Ganz einfach ist das, habe ich Recht oder nicht?"*, so *Razia* weiter.

„Oh ja, du hast vollkommen Recht, Razia. Ich stimme dir zu", sagte ich sehr beeindruckt. *„Du bist echt ein kluges Mädchen. Ihr drei seid unglaublich selbstbewusst und intelligent. Ich bin sehr beeindruckt von euch dreien. Ihr habt meine Unterstützung ..."*, versicherte ich ihnen. Der klare unschuldige Blick und die noch naive Überzeugung in ihrer Aussage reizten mich besonders.

Razia ließ mich nicht aussprechen, sie unterbrach mich und setzte ihre Klage fort:

„Oh vielen Dank. Dann zeigen Sie uns bitte, wo die Schule ist, wir wollen jetzt zur Schule gehen. Gibt es keine Schule hier in der Nähe? Auch wenn sie weit weg sein sollte, werden wir bis dahin zu Fuß gehen und lernen. Wir wollen nur lernen, sonst nichts. Bitte zeigen Sie uns die Schule, geben Sie uns die Adresse, oder eine Telefonnummer. Die Lehrer sprechen auch bestimmt Englisch, sie werden uns verstehen. Bitte, zeigen Sie uns bitte die Schule. Wir lassen Sie dann in Ruhe", so *Razia* zu mir.

„Es ist alles in Ordnung", sagte ich zu *Razia*, *„ihr stört mich auf gar keinen Fall. Wir sind für euch da. Besucht erst weiterhin den elementaren Deutschkurs hier in der Aufnahmeeinrichtung"*, erklärte ich erneut. *„Die Zeit für die Schule wird sicher kommen"*, sagte ich gelassen weiter zu den drei tapferen Mädchen aus Afghanistan. Dann sagte Razia zu mir: *„Wir haben Sie sehr lieb, wir mögen Sie sehr, aber warum mögen Sie uns nicht …?"*, fragte sie mich ganz traurig. Ich unterbrach sie höflich und antwortete ihr: *„Das hat mit mögen oder nicht mögen gar nicht zu tun. Ich mag euch auch, ich kann euch aber momentan nicht zur Schule schicken. Das ist Gesetz. Ihr müsst euch noch drei Monate gedulden oder warten, bis euer Asylverfahren abgeschlossen ist. Wenn euer Asylantrag vom Bundesamt für Migration und Flüchtlinge (BAMF) akzeptiert ist und ihr als Asylsuchende anerkannt seid, dann könnt ihr die Schule besuchen. Bis dahin solltet ihr den angebotenen elementaren Deutschkurs in der Aufnahmeeinrichtung weiterhin besuchen"*, antwortete ich geduldig und hoffte auf Verständnis. Die Schutzsuchenden kommen mit großen Erwartungen in die Bundesrepublik Deutschland. Und die Reaktion auf meine Erklärungen war sehr eindeutig: *„Oh nein! Oh mein Gott! Wie können Sie so herzlos gegenüber uns sein. Warum tun Sie uns das an?"*, jammerte *Razia* ganz traurig und enttäuscht. Sie sagte weiter: *„Seit wir hier in der Aufnahmeeinrichtung am Fliegerhorst sind, gehen wir jeden Tag zu diesem Deutschkurs. Aber es wird immer langweiliger für mich und für meine Schwester. Die Lehrerin wiederholt jeden Tag dasselbe, weil täglich neue Besucher zum Kurs kommen. Wir wiederholen das, was wir seit Beginn vor zwei Monaten gelernt haben: Guten Tag, ich heiße Razia. Wir haben nur paar Wörter gelernt: Schule, essen, trinken, spielen, Kopf, Hand, Schnee, Sonne, gute Nacht; schlafen. Das reicht nicht. Wir wollen richtig lernen. Bitte!"*

„Ja", erwiderte ich. *„Und die Zeit wird kommen, sobald ihr anerkannt seid, werdet ihr richtig lernen können"*, versuchte ich vergeblich weiter zu erklären …

Die Mädchen hatten aber noch andere Beweggründe, warum sie unbedingt aus der Erstaufnahmeeinrichtung in eine normale Schule wollten. Die 14-jährige *Fara*, eine der drei Geschwister, betonte nochmal: *„Es gibt nichts Neues zum Lernen hier im Camp. Wir wollen raus zur Schule. Vielleicht können wir in der Schule andere Schülerinnen kennenlernen und dort besser essen. Hier schmeckt uns das Essen nicht. Ich habe Bauchweh, Verstopfung, ich kann nicht mehr. Was machen wir hier überhaupt? Warum dürfen wir nicht zur Schule? Alima und Alia, unsere syrischen Freundinnen, gehen schon zur Schule jeden Tag. Sie zeigen uns alles, was sie in der Schule lernen. Ihre Mutter hatte Briefe bekommen, da stand drin, ihre Tochter müsse jeden Tag zur Schule gehen. Sie fährt jeden Morgen mit ihnen in die Stadt zur Schule. Sie hat meiner Mutter gesagt, sie muss bei der Caritas fragen, damit wir auch diese Briefe für die Schule bekommen."*

Ich antwortete: *„Alima und Alia kommen aus Syrien, ihr kommt aber aus Afghanistan, die Syrer haben Priorität wegen des Krieges in ihrem Heimatland.* „Die drei Mädchen waren empört über meine Antwort und erwiderten: *„Das ist ungerecht. Das ist unfair! Bei uns in Afghanistan herrscht seit vielen Jahren Krieg. Wir sind im Krieg geboren und im Krieg aufgewachsen. "* Razia klagte weiter: *„In Afghanistan ist es für Mädchen verboten zur Schule zu gehen, aber unsere Eltern haben alles getan, damit wir zur Schule gehen konnten. Es war sehr gefährlich, die Taliban haben meinen Vater verhaftet und verschleppt. Sie sagten, er sei ein Verräter und sie wollen ihn umbringen. Wir sind geflohen, wir haben alles verloren, sogar unsere Schulzeugnisse sind verschwunden. Mein Vater wollte kein Taliban werden. Wir wissen nicht, ob er noch lebt. Wir haben gedacht, hier können wir zur Schule gehen, aber es ist auch wie in Afghanistan verboten, zur Schule zu gehen. Wohin sollen wir gehen? Wir können nicht mehr zurück, wir haben kein Geld mehr, kein Haus mehr in Afghanistan. Meine Mutter hat das Haus an die Schlepper als Gegenleistung für unsere Flucht aus Afghanistan abgegeben. Was sollen wir jetzt machen?"*

Ich atmete tief ein und blieb ganz ruhig. Ich wusste nicht mehr, was ich in diesem Moment noch sagen sollte. Ich blickte die drei Mädchen zuversichtlich an und wollte ihnen Mut machen. Ich bat um ihre Telefonnummer, um die Hoffnung zu festigen und das Vertrauen trotz allem zu bewahren. Naomi, unsere Praktikantin aus Frankreich, gab jedem der drei Geschwister ein von ihr selbst gebasteltes Deutsch-Englisch-Französisch-Wörterbuch, da sie selbst neben dem Praktikum bei der Caritas Deutsch lernen wollte. Jetzt machte sie dies zum praktischen Lernmaterial für schutzsuchende Jugendliche in der Aufnahmeeinrichtung. Sie sagte zu den Mädchen:

„Nehmt erstmal das, ich schenke es euch. Viel Spaß beim Üben, es wird schon gehen. Ihr seid sehr mutig, alles wird gut für euch. Kommt zur Caritas, wenn ihr Fragen oder Sorgen habt. Wir unterstützen euch im Rahmen unserer Möglichkeiten. Wir sind für euch da!" Alle drei antworteten: *„Vielen Dank. "*

Ich sagte zu ihnen: *„Wir finden eine Lösung, wie und wann, weiß ich noch nicht, aber eure Sorgen und eure Aufrufe werden vielleicht irgendwann Gehör finden. Mehr kann ich euch im Moment nicht versprechen. Ich werde euch anrufen. Geht in den Computerraum, ihr könnt auch selbstständig Deutsch am Computer üben. Einverstanden?"*

„Oh Ja! Wir sind damit einverstanden. Aber wir kommen wieder zu dir", antworteten die mutigen Mädchen. *„Vielen Dank!"*, sagte ich etwas erleichtert, aber

auch verzweifelt, denn für die Asylsuchenden aus Afghanistan konnte ich nicht viel machen. *„Tschüss, bis zum nächsten Mal."*

Die drei Mädchen und ihre wortlose Mutter verließen mein Büro traurig und ungern. Sie waren äußerst enttäuscht. Ich blieb nachdenklich und auch etwas enttäuscht zurück.

Diese Enttäuschung sollte sich in Hoffnung verwandeln, indem wir das Thema „Schulbesuch für Geflüchtete" mit Hilfe einer ehrenamtlichen Lehrkraft für alle Schulkinder und jugendlichen Schutzsuchenden ab Mai 2016 intensiv mit unserer Leitung des Fachdienstes Asyl- und Migrationsberatung der Caritas Fürstenfeldbruck, Monika Grzesik, sowie mit der Leitung der Regierung von Oberbayern am Ort, Lars Pfaff, ins Gespräch brachten. Die Verhandlungen wurden in Gang gesetzt, aber das Ergebnis brauchte etwas Zeit. Inzwischen mussten wir weiterhin mit Hoffnung, Unverständnis, Frustration und zum Teil Resignation der schutzsuchenden Eltern und Jugendlichen leben. Bis zum Herbst 2016. Zum Schuljahr 2016/2017 wurde vorübergehend eine elementare Schule für die vielen Kinder im Schulalter mit geringer Bleibechance in der Aufnahmeeinrichtung eröffnet. Dies löste eine Welle der Freude und Erleichterung bei den Eltern und viel Begeisterung bei den Kindern aus. Die Stimmung in der gesamten Aufnahmeeinrichtung hatte sich in der Folgezeit deutlich verbessert.

Schulbesuch und Freizeit: Selbstverständliche Bedürfnisse schutzsuchender Kinder und Jugendlicher

Es befinden sich viele Kinder und Jugendliche im Schulalter in der Aufnahmeeinrichtung. Die meisten wollen zur Schule gehen. Für viele Jugendliche ist das Leben in der Erstaufnahmeeinrichtung ohne Schulbesuch ebenso perspektivlos wie in ihrer Heimat. Sie langweilen sich und werden antriebslos, zum Teil aggressiv und unberechenbar. Sie wollen aktiv sein, Sport treiben, spielen. Ehrenamtliche und Helferkreise haben sich bemüht, Sportaktivitäten innerhalb der Aufnahmeeinrichtung für die Asylbewerber zu organisieren. Ein Internetraum wurde eröffnet, damit die Flüchtlinge Zugang zum Internet haben und gegebenenfalls selbstständig Online-Deutschkurse belegen können. Immerhin wurde auch eine Grundschule ab September 2016 in der Aufnahmeeinrichtung am Fliegerhorst in Fürstenfeldbruck für die nicht aus Top-5-Herkunftsländern stammenden Kinder eingerichtet. Damit sollten die Frustration und das Gefühl der Ungerechtigkeit „benachteiligter Schutzsuchender" eingedämmt werden.

Der ehrenamtlich angebotene Deutschkurs für die nicht aus Top-5-Herkunfts-ländern stammenden Menschen steht nach wie vor zur Verfügung. Er wird von Ehrenamtlichen im Fliegerhorst durchgeführt und von den Ehrenamtskoordina-torinnen der Caritas organisiert. Die Hilfsbereitschaft und das ehrenamtliche Engagement hatten in der Flüchtlingskrise bundesweit ein bisher nicht gekann-tes Ausmaß angenommen. Allein im Landkreis Fürstenfeldbruck konnte man 2015 über 1.500 freiwilligen Asylhelfer zählen, die sich ehrenamtlich für Schutz-suchende engagierten. Sportaktivitäten wie Fußball und Tischtennis wurden eh-renamtlich organisiert und betreut. Seit Herbst 2016 wurde eine Berufsintegrati-onsschule für die äußerst motivierten Jugendlichen zwischen 16 und 21 Jahren, die nicht aus den Top 5-Herkunftsländern stammen, eingerichtet. Viele Kinder im Schulalter und Jugendliche unter 22 Jahren, die in der Aufnahmeeinrichtung untergebracht sind, wünschen sich, wie andere Gleichaltrige die Schule besuchen zu dürfen.

Ihr Bedürfnis ist verständlich, denn Bildung ist nach dem internationalen Rechtsverständnis der UNESCO eben nicht nur ein Mittel oder „zentraler Schlüssel" zur gesellschaftlichen Integration, sondern ein Recht, das jedem Men-schen zusteht. Darum verstehen es die aus nicht Top-5-Herkunftsländern stam-menden Eltern mit Kindern und Jugendlichen im Schulalter nicht, dass ihre Kinder und Jugendlichen während des Asylverfahrens die Schule nicht besuchen dürfen. Die Ungleichheit in diesem Punkt ist seit Einführung der Kategorie „Bleibeperspektive" Auslöser spürbarer Verzweiflung und Frustration bei den Betroffenen. Das Gefühl der Trostlosigkeit macht sich bei diesen Menschen breit. Aber in diesem Fall ist nachvollziehbar, dass die Aufnahmekapazität wegen der großen Anzahl an Schutzsuchenden 2015 an Grenzen gestoßen war und für die Bundesrepublik in allen Sektoren eine erhebliche Herausforderung darstellte. Für die Geflüchteten aus Afghanistan ist es besonders bitter, denn 2016 lag die Anerkennungsquote bei 48 Prozent, in den Jahren davor deutlich über 50 Pro-zent.[20] Die Frustration ist auch Anfang 2018 bei den Familien aus Nigeria, Pakistan und Afghanistan besonders spürbar. Die Menschen waren und sind fassungslos, aber nicht alle auch resigniert. Während sich zum Beispiel die afghanischen Eltern ganz leise darüber beschweren, jammern die nigerianischen Eltern ganz laut darüber, dass ihre Kinder monatelang in der Aufnahmeeinrich-tung sitzen müssen, während andere geflüchtete Kinder im selben Alter die Schule besuchen dürfen. Die Bemühungen, ihnen die begründeten neuen Rege-lungen des Asylverfahrens zu erklären, führen oft nur zu Missverständnissen bei

---

20 Die Aufnahmequote der Afghanen und anderer Schutzsuchenden kann aus den Schlüsselzahlen des BAMF die letzten vier Jahre entnommen werden.

den betroffenen Eltern und manchen sehr motivierten Jugendlichen, die gerne zur Schule gehen wollen.

Trauma und „Gesichtsverlust"

Anfang März 2016 erzählte mir während eines Beratungsgespräches die 28-jährige Syrerin *Zara*, die unter ständigen Bauchschmerzen litt, dass es für sie nicht mehr einfach sei, sich im Spiegel anzuschauen. *„Ich habe mein Gesicht verloren"*, beklagte sich die Syrerin. Der Preis ihrer Flucht erscheint ihr heute zu hoch. Sobald sie ihr Gesicht im Spiegel anschaue, sagte sie zu mir, tauchen plötzlich bewaffnete Männer im Hintergrund auf, die sie und andere junge Frauen in ihrer Heimat wochenlang in der Nähe von Aleppo gefangen gehalten hätten, bis sie nach Lösegeldzahlung befreit worden seien. *„Mein drei Monate altes Baby wurde krank und ist während der Gefangenschaft gestorben. Ich durfte nicht trauern, stattdessen wurde ich mehrfach in Anwesenheit von anderen Mädchen misshandelt und gedemütigt"*, erzählte *Zara* und weinte. Der Krieg in Syrien sei mehr gegen die Zivilbevölkerung und weniger gegen die bewaffneten Parteien gerichtet.

Darüber hinaus wusste sie auch nicht, wo ihr Mann und sein 14-jähriger Neffe sich zurzeit aufhielten. *„Wir waren in zwei unterschiedliche Boote zur Überfahrt von der Türkei nach Griechenland gestiegen. Ich fuhr zuerst übers Meer, mein Mann und sein Neffe sollten nachkommen."* Seitdem habe sie die beiden verloren. Ich sollte ihr dabei helfen, ihren Ehemann und dessen Neffen wieder zu finden. Sie habe mit der Suche schon in Griechenland angefangen, leider ohne Erfolg.

Hier in der Aufnahmeeinrichtung sei das Leben für sie wie im Gefängnis, berichtete mir *Zara*. Das Essen schmecke ihr nicht, im Zimmer gebe es keine Privatsphäre. Ihre Füße täten ihr weh, wegen des langen Marsches auf der Flucht. Aber der Arzt in der Aufnahmeeinrichtung habe zu ihr gesagt, alles sei in Ordnung, es gebe nichts zu behandeln. *„Ich verstehe das nicht!"* sagt *Zara* verzweifelt. Niemand wolle ihr helfen, sie werde hin- und hergeschickt, immer mit vielen Papieren zum Ausfüllen. *„Ich habe zu viel verloren. Ich weiß nicht, wie ich weiterleben soll, ich brauche Ruhe und nicht so viel Papier."*

Trauer um den Verlust von Angehörigen, Heimat und Würde

Bemerkenswert war es zu hören, wie das Wort *Verlust* mehrfach von ihr erwähnt wurde. Das ist ein Wort, das sehr oft von den Geflüchteten und Schutzsuchenden verwendet wird. Verlust der Heimat, Verlust der Familienangehörigen und

Freunde, Verlust der Menschenwürde sowie von Besitz und Eigentum. Aber keiner hatte bis jetzt in der Beratung vom *Gesichtsverlust* gesprochen und sich darüber dermaßen beklagt wie *Zara*. Ich machte mich sofort ans Werk. Ein Termin beim Bayerischen Roten Kreuz für den Suchantrag wurde vereinbart. Aber ich wollte mich noch weiter mit *Zara* beschäftigen, um zu erfahren, was wir für sie noch tun könnten, damit es ihr besser ginge, und vor allem, damit sie ihr Gesicht wieder zurückbekommen könnte.

Im Gespräch mit ihr fing ich zunächst damit an, anstelle des Wortes *Verlust*, das Zauberwort *Leben* zu benutzen. An dieses Wort versuchte ich noch drei andere Begriffe als Begleiter anzuhängen: *Hoffnung – Kraft – Entschlossenheit*. Die Hoffnung, die die Kraft gibt. Die Kraft, die zur Entschlossenheit hilft. Diese drei Begleiter sind notwendig zur Wiederherstellung der Menschenwürde, neben der körperlichen und psychischen Behandlung, die jeder hilfesuchende Mensch in einer solchen Situation unbedingt braucht.

Die Suche nach *Zaras* Angehörigen hier in Deutschland hatte kaum angefangen, als sie fast eine Woche später die gefürchtete Meldung erhielt: Ihr Mann war eines der Opfer eines überfüllten Bootes, das im Oktober 2015 im Meer gesunken war. Nicht alle, die an Bord waren, konnten rechtzeitig gerettet werden. Ihr Mann war mit zwei von *Zaras* Bekannten unter den Opfern des Unglücks. Der Neffe wurde gerettet, sei aber mit anderen Schutzsuchenden aus Syrien nach Auflösung ihres Camps in Griechenland im Winter 2015 zurück in die Türkei gefahren. Diese Nachrichten bedeuteten für *Zara,* dass für sie jetzt das Leben ohne ihren Mann und ohne andere Familienangehörige weitergehen musste. Den Kampf um ein neues Leben trotz der schrecklichen Fluchterlebnisse fortzusetzen, ist kein Einzelfall. Millionen von Menschen sind davon weltweit betroffen. Zahllose geflüchtete Menschen sind Überlebende von Krieg, gewaltsamer Vertreibung und Gefangenschaft.

Viele Schutzsuchende haben nicht erwartet, dass nach ihrer Ankunft in Deutschland ein neues Abenteuer beginnt und ihre Odyssee noch nicht zu Ende ist. Wer hätte das geahnt? Diese Frage stellte mir *Zara* an einem winterlichen, aber sonnigen Tag Anfang März 2016 während eines Beratungsgesprächs in unserem Caritas-Beratungsbüro in der Erstaufnahmeeinrichtung für Flüchtlinge. Ich begriff die Hintergründe der Frage, die *Zara* mir ganz leise stellte und ihr Gesicht auf den Boden richtete, erst einige Tage später. Mir wurde klar, dass viele Menschen, die in der Aufnahmeeinrichtung untergebracht sind, nicht nur selbstverständliche Bedürfnisse im Sinne der Orientierungs- und Beratungshilfe in der Fremde haben, sondern auch eine ganz spezielle Aufmerksamkeit, einen vertrauensvollen

Zuhörer und vor allem seelische Zuwendung und psychologische Behandlung brauchen. Ich wurde immer aufmerksamer und mir meiner Aufgabe in der Asylberatung der Caritas gegenüber Schutzsuchenden immer bewusster. Uns begegnen nicht Menschen, die aus materieller Not und freiwillig ihre Heimat verlassen haben, sondern Schutzsuchende, die durch die Gewalterfahrungen in ihren Ländern oder auf dem Fluchtweg schwer traumatisiert sind.

Zahllose Risiken und Gefahren waren die großen Herausforderungen für die geflüchteten Menschen. Sie haben Lebensgefahr, Erniedrigung, Hunger, Durst und andere Bedrohungen überstanden und glaubten, in Deutschland in ein sicheres Umfeld zu kommen. Und dann müssen sie erfahren, dass es für sie diese Sicherheit zunächst einmal nicht gibt. Durch das Vertrauen, das ich mir durch mehr Aufmerksamkeit für ihr inneres Leiden erworben hatte, öffneten sich die Schutzsuchenden immer mehr und offenbarten sich in den Beratungsgesprächen. Ich erfuhr schreckliche Geschichten, die fast immer das gleiche Phänomen schilderten: Gewalt unbeschreiblichen Ausmaßes gegen Schutzsuchende und das kriminelle Vorgehen der Schlepperbanden gegen die Schutzsuchenden und deren Angehörige, das auch nach ihrer Ankunft im Zielland oft nicht endet.

Familien durch die Flucht getrennt

Die Lage in der Asylberatung der Aufnahmeeinrichtung war oft miserabel. Der Andrang war in der Regel so groß, dass wir schon zu Beginn unserer Beratungsstunden wussten, dass es uns nicht möglich war, mit allen Menschen zu sprechen. Viele Schutzsuchende haben ihre Angehörigen auf der Flucht verloren. Die Schatten der Verzweiflung und des Leidens waren präsent. Die Luft war meist stickig. Viele husteten, ohne die Hand vor den Mund zu halten. Einige Kranke hatten ansteckende Krankheiten, die Infektionsgefahr war hoch. Die Mitarbeiter der Caritas wurden vorab vom Betriebsarzt geimpft. Es würde hoffentlich nichts passieren. Welchen Impfschutz die Schutzsuchenden haben, wussten wir in der Regel nicht, meist wissen sie es selbst nicht. Aber wir waren für die Schutzsuchenden da.

Der verlorene Vater

Fahida war an diesem Tag die nächste Syrerin in der Beratung. Sie ist Mutter von drei Kindern, zwei acht- und zehnjährigen Jungen und einem dreijährigen Mädchen. Vor etwa zwei Wochen waren sie schon einmal bei mir in der Beratung gewesen. *Fahida* wusste nicht, wo sich ihr Ehemann aufhielt. Bei der ersten Beratung war die Tochter krank, sie aß kaum. Dem Kind ging es jetzt zum Glück viel besser. *„Das Essen in der Kantine schmeckt nicht. Meine Kinder wollen das nicht essen. Meine Tochter ist immer krank"*, beklagte sich damals die Mutter sehr bekümmert. Die Familie war auf der Flucht getrennt worden und *Fahida* hatte seit mehreren Monaten nichts von ihrem Mann gehört. Aufgrund der Suchanfrage beim Roten Kreuz konnte ich ihr die gute Nachricht überbringen, dass ihr Mann in der Nähe von Düsseldorf in einer Gemeinschaftsunterkunft untergebracht sei. Als sie das hörte, fiel sie mir in die Arme und weinte vor Freude. Die Kinder blieben zuerst ganz still. Nun wagte der ältere Sohn, seiner Mutter die bange Frage zu stellen: *„Lebt er noch, der Papa? Warum weinst du, Mutter? Weine nicht!"*

Die Mutter weinte weiter und bedankte sich auf Arabisch. Aber ich verstand zunächst die Frage der Kinder nicht, die zusammenrückten und am Kleid ihrer Mutter gewaltig hin- und herzogen. Ich bat um Übersetzung und erfuhr, dass die Kinder von der Mutter wissen wollten, ob ihr Papa noch am Leben oder tot sei. Die Mutter und ich antworteten gemeinsam gleichzeitig: *„Ja, er lebt."* Plötzlich richtete sich *Fahida* auf, wurde ganz lebendig und strahlte vor Glück und vor Freude.

Ihre zwei älteren Buben blieben zunächst ein paar Sekunden still und umarmten beide plötzlich ihre Mutter ganz fest. *„Aber wo ist er?"* fragten die Jungen verunsichert ihre Mutter weiter. *„Wir wollen ihn jetzt sehen, wenn er tatsächlich am Leben ist."* Die Mutter zog ihr Portemonnaie aus der Tasche, und zeigte mir das Bild ihres Mannes mit anderen Bildern ihrer Familienangehörigen. Ihre kleine Tochter, die bis jetzt die Szene nur beobachtete, hielt die Hand ihrer Mutter, um das Foto ihres Vaters näher anzuschauen. Die zwei Buben reagierten etwas gereizt: *„Wir wollen unseren Papa, kein Foto!"*

Der jüngere Bruder fing an zu heulen. Ich musste etwas tun, um der Familie ein Lebenszeichen des Vaters zu geben und die Meldung aus Nordrhein-Westfalen glaubhaft machen zu können. Da in dem Schreiben aus Nordrhein-Westfalen die Kontakte zu den Behörden und dem Sozialarbeiter, die für den Vater zuständig waren, aufgeführt war, versuchte ich sie anzurufen.

Ich erreichte den Sozialbetreuer sofort und fragte nach den Kontaktdaten des Vaters, damit ich ihn auf die Kontaktaufnahme mit seiner Familie vorbereiten konnte. Der Kollege in Nordrhein-Westfalen fragte, ob seine Familie tatsächlich gefunden worden sei. Ich antwortete mit einem klaren JA!

„Was für ein wunderbarer Tag! Die Sonne geht auf", sagte der Kollege in Nordrhein-Westfalen am Telefon. Der Vater hatte auch einen Antrag auf Suche nach seiner Familie gestellt. *„Ich kann es nicht fassen. Dieser Mann ist fast am Ende mit seinen Nerven. Er sucht seit acht Monaten nach seiner Familie"*, sagte der Kollege am Telefon ganz aufgeregt. *„Letzten Monat erhielt er von seinen Landsleuten sogar die falsche Meldung, dass seine Frau und die drei Kinder im Meer ertrunken seien. Danach stellte sich – jetzt genau vor einer Woche – diese Meldung als falsch heraus. Seine Frau und die drei Kinder sind irgendwo hier in Deutschland gefunden worden"*, so der Kollege weiter. Und ich erwiderte: *„Die Familie ist gerade hier bei mir in der Beratung."* Und da passierte das Unfassbare: Der Kollege aus Nordrhein-Westfalen antwortete: *„Er sitzt auch gerade hier in der Beratung neben mir. Er braucht einen Arzttermin. Er muss in die Psychiatrie"*, so der Kollege weiter. *„Kann er mit seiner Familie kurz sprechen, bevor er zum Arzt geht?"*, fragte ich den Kollegen ungeduldig. Der Kollege bat mich um ein paar Minuten. Er informierte seinen Klienten über die gute Nachricht und den Stand der Sache. Ich hörte den Familienvater vor Freude durch das Telefon schreien: *„Allah u Akbar! Allah u Akbar! Can I talk to my children and to my wife?"*

Ich stellte mein Telefon für das Erstgespräch zwischen den Eheleuten bereit – nach acht Monaten des Bangens. Ich bat *Fahida*, das Telefon zu nehmen und mit ihrem Mann zu sprechen. Sie blickte auf den älteren Buben und machte ihm ein Zeichen, dass er das Telefon nehmen sollte. Mein Kollege am anderen Ende der Leitung sagte zum Familienvater, dass er jetzt mit seiner Frau und seinen Kindern sprechen könne. Der Familienvater bat ihn darum, erst mit dem zehnjährigen, älteren Sohn sprechen zu können. *„Ist der ältere Sohn Mohamed mit der Mutter da?"*, fragte mich mein Kollege am Telefon. Ich sagte: *„Ja. Die Mutter ist mit den drei Kindern hier bei mir."* Der begeisterte Kollege bat den Familienvater zuerst mit seiner Frau, der Mutter seiner Kinder, zu sprechen. *„Danach kann er mit den drei Kindern sprechen"*, sagte der Kollege am Telefon zu mir. Ich war gespannt, stimmte ihm zu, aber der Familienvater bestand darauf, zuerst mit dem älteren Sohn *Mohamed* zu sprechen. Gleichzeitig bat auch die Mutter mich, zuerst *Mohamed* das Telefon zu geben. Sie müsse warten. Aber die kleine Tochter *Akilah*, die neben mir stand, wurde ungeduldig. Sie hielt das Bild ihres Vaters immer noch fest in der Hand, streckte entschlossen ihre Hand aus, gab mir das Foto ihres Vaters und ich gab ihr spontan das Telefon anstatt ihrem älteren Bruder *Mohamed*. Ich sagte zu ihr: *„Papa!"* Sie sprach mir nach: *„Papa, Papa, Papa!"*

Die Freude des Vaters war unbeschreiblich. Die Stimme seiner inzwischen drei Jahre alten Tochter nach so vielen Monaten der Ungewissheit zu hören, war für ihn wie eine Erlösung. *Akilah* gab ihrer Mutter, die immer noch vor Freude weinte, das Telefon. Sie sprach kurz mit ihrem Mann und sie gab schließlich das Telefon an ihre zwei Buben weiter. Wir alle waren von dem Ereignis überwältigt, und ich weinte vor Freude mit.

Familienzusammenführung: Erleichterung und Freude

Wie belastend die Trennung von der Familie auf der Flucht ist, vor allem dann, wenn deren Schicksal ungewiss ist, erleben wir in der Beratung tagtäglich. Die betroffenen Familienmitglieder sind voller Sorge um ihre Angehörigen, haben keine Kraft, mit der neuen Situation zurechtzukommen und ihren Blick in die Zukunft zu richten.

Wir zelebrierten im Büro das *„Wiederhören"* der syrischen Familie mit ihrem Vater. Ich durfte erleben, wie diese Familie wie neu geboren erschien. Sie schöpfte Hoffnung und die Schatten ihres Fluchtdramas wurden schwächer. Für sie öffnete sich gleichzeitig ein Horizont der Zuversicht. Wie erlöst verließen Mutter und Kinder mein Büro. Sowohl mein Kollege aus Nordrhein-Westfalen als auch ich waren ziemlich irritiert, dass der Vater zuerst mit seinem Sohn und dann erst mit der Ehefrau sprechen wollte. Ich habe mich gefreut, dass die kleine Tochter diese kulturelle Eigenheit in ihrer kindlichen Naivität wunderbar überspielt hat. Letztlich überwog die Erleichterung, dass die syrische Familie wieder vereint sein würde.

Ich atmete tief durch. Sie waren alle am Leben, Gott sei Dank! Jetzt konnte der Kampf um die Familienzusammenführung beginnen. Keiner kann vorhersagen, wie lange die Bearbeitung des länderübergreifenden Antrages auf Familienzusammenführung dauern wird und alle Familienmitglieder wieder zusammenleben können. Immerhin haben sie das Schlimmste jetzt hinter sich. Für diese Familie ging es relativ schnell. Vier Wochen später war der Antrag auf Familienzusammenführung genehmigt. *Fahida* und ihre drei Kinder durften umziehen und gemeinsam als Familie neu anfangen. Damit war für *Fahida* und die Kinder auch die Zeit in der Erstaufnahmeeinrichtung beendet und die zwei Jungen konnten zur Schule gehen. Die Mutter konnte mit dem Deutsch- und Integrationskurs beginnen, der vom BAMF für die „Top-5-Herkunftsländer" genehmigt wird. Die Bleibechance für Flüchtlinge aus Syrien ist so gut wie garantiert.

Verloren im Ankunftsland – junge alleinstehende Flüchtlinge

Zwei afrikanische Jugendliche waren die Nächsten in der Beratung und traten ins Büro ein.

„Sind Sie zu zweit da?", fragte ich die beiden Jungen. Beide waren Anfang zwanzig. Einer hatte eine Narbe am rechten Auge. Es sah ziemlich schlimm aus. Die Narben waren auch im Gesicht, an den Armen und am Hals sichtbar. Er sprach kaum. Er schaute wie verloren um sich. Der andere dagegen war selbstbewusst und neugierig. *Steve*, der Zurückhaltende, war 20 Jahre alt und kam aus Sierra Leone. *Mike*, der selbstbewusst und sehr mutig auftritt, ist 21 Jahre und kommt aus Nigeria. Sie sind im selben Zimmer untergebracht und verstehen sich ganz gut. Sie scheinen gute Kumpel geworden zu sein und helfen sich gegenseitig.

Ich eröffnete das Beratungsgespräch ganz sanft mit einer herzlichen Begrüßung: *„Willkommen im Caritasbüro! Was kann ich für Sie tun, Gentlemen?"*, fragte ich die zwei Jungen. *„Danke vielmals für Ihre Begrüßung, die tut echt gut"*, sagte der mutige Mike erfreut und etwas überrascht.

„Man hat uns gesagt, Sie sind die Caritas hier, stimmt das?" fragte er mich. *„Ja, richtig"*, antwortete ich. *„Was kann ich für euch tun?"*

Beide Jungen schauten sich gegenseitig an. Dann sprach *Steve* endlich: *„Ich will zum Arzt. Ich habe Kopfschmerzen, ich kann nachts nicht schlafen, habe Albträume und Angst. Mein Auge tut mir weh. Das Essen in der Kantine schmeckt mir nicht. Ich habe Bauchweh, wenn ich das Essen verspeise. Ich bin erschöpft."*

Ich ergriff das Wort: *„Ich will hoffen, dass die schwierigste Zeit hinter dir ist. Deine Schmerzen werden schnell nachlassen. Wenn du dich von den Fluchtstrapazen erholt hast. Du bist jung und stark, diese Müdigkeit wirst du auch bewältigen. Zuerst solltest du zum Arzt gehen. Lass uns einen Termin vereinbaren."*

Danach meldete sich der tapfere Mike auch zu Wort: *„Ich will zur Schule gehen, und ich brauche auch einen Job. Wieso gibt es keine Schule hier? Wir sind hier doch in Deutschland?"*

Ich konnte sofort feststellen, dass die meisten schutzsuchenden Jugendlichen die gleichen Grundbedürfnisse haben. Sie wollen zur Schule gehen, Sport treiben;

sie möchten aktiv im Alltag sein, sie wollen beschäftigt sein, einfach raus aus dem Camp.

Ich machte die zwei Jungen auf das Erwerben der Sprachkenntnisse aufmerksam: *„Wichtig ist es jetzt für euch beide, mit dem Sprachkurs anzufangen. Hier in der Aufnahmeeinrichtung habt ihr die Möglichkeit, einen elementaren Deutschkurs zu besuchen, um die Grundkenntnisse der deutschen Sprache zu erlernen. Später, wenn ihr als Schutzsuchende anerkannt seid, dürft ihr auch zur Schule gehen und eine Ausbildung machen"*, erklärte ich den beiden ganz vorsichtig und gründlich. Ich hatte die vor Kurzem stattgefundene Auseinandersetzung mit den drei afghanischen Mädchen noch gut in Erinnerung. Ich wusste auch, dass keine Gegenreaktion von Steve zu erwarten war, weil er sehr mit sich selbst und seiner Gesundheit beschäftigt war. Was ich befürchtet hatte, trat ein: Die Reaktion von Mike: *„Ist das Ihr Ernst?"*, fragte er mich mit einem ironischen Lächeln.

Ich nickte mit dem Kopf. *Mike* klagte weiter: *„Man hatte uns in München gesagt, wir können drei bis sechs Monate hier im Camp wohnen. Und ich muss so lange hier ohne Schule, ohne Job hocken? Wollen Sie meinen Tod? Bin ich etwa wieder im Gefängnis hier? Und die verdammte Schlepperbande, ruft mich jeden Tag, sogar tief in der Nacht, an. Ich muss ihnen Geld schicken, sonst schneiden sie meiner Mutter die Kehle durch. Sie wollen Geld von ihr. Meine Mutter und meine kleine Schwester sitzen noch in der Gefangenschaft in Libyen. Falls meine Mutter das Lösegeld nicht schnell tilgen kann, werden die Schlepper sie umbringen. Unter Zwangsarbeit, Demütigungen und Folter haben wir in Libyen seit dem Ausbruch des Krieges sehr gelitten und überlebt. Diese Leute wollen trotzdem weiter von uns Geld. Diese libyschen Männer sind Räuber, sie sind gefährliche Kriminelle und haben uns misshandelt! Wir sind in ihre Gefangenschaft geraten. Ich muss aus dem Fangnetz dieser Kriminellen raus! Aber, was wird aus meiner Mutter und meiner Schwester in Libyen? Ich habe Angst um sie."*

Ich hörte ihm sehr aufmerksam zu. Der mutige Mike wurde ernst, angespannt und traurig. Meine ermutigenden Worte am Anfang der Beratung, die ihm anscheinend gutgetan hatten, schienen wie weggefegt. Ich versuchte, ihn erneut zu ermutigen: *„Deine Mutter muss eine starke Frau sein! Sie wird schon mit dieser Situation zurechtkommen. Sie erwartet von dir dasselbe, ganz bestimmt. Du bist ein tapferer Junge und du solltest die Hoffnung auf eine bessere Zukunft hier oder woanders nicht verlieren. Das Leben muss weitergehen. Dein Vater muss auch stolz auf dich sein, nicht wahr?"*

Er erhob seinen Kopf und sagte zu mir: *„Mein Vater lebt nicht mehr. Ich bin der erste Sohn von vier Geschwistern. Alle sind jünger als ich. Wir haben in Libyen gelebt, außer mir sind alle meine Geschwister dort geboren. Mein Vater war ein Geschäftsmann. Er war wirklich erfolgreich und hatte viele andere Afrikaner in seiner Firma beschäftigt, insbesondere Nigerianer, Ghanaer, Liberianer und Senegalesen, die in Libyen lebten. Viele Afrikaner und Araber kamen nach Libyen, um dort Arbeit zu finden. Sie hatten nicht vor, nach Europa zu reisen. Das Leben in Libyen war gut für meine Familie. Dann brach der Krieg in Libyen aus. Plötzlich gerieten Ausländer, vor allem Afrikaner, in große Gefahr. Mein Vater wurde mit vielen anderen Afrikanern von den lybischen Rebellen zuerst verhaftet, ins Gefängnis verschleppt und dann umgebracht."*

„Warum?", fragte ich vorsichtig.

„Die libyschen Rebellen meinten, alle Afrikaner unterstützen Muammar Gaddafi. Meine Mutter entschloss sich, mit mir und meinen Geschwistern nach Nigeria zurückzuziehen. Als wir uns auf die Flucht vorbereiteten, kamen eines Nachts drei bewaffnete Männer in Rebellenuniform ins Haus rein, schlugen uns zusammen, misshandelten unsere Mutter vor unseren Augen. Danach durchsuchten sie das ganze Haus, nahmen alles, was ihnen gefiel und das gesamte Geld mit, das mein Vater uns hinterlassen hatte. Sie zwangen uns, in ihren Wagen einzusteigen und fuhren mit uns an einen unbekannten Ort am Rande des Meeres. Sie warfen uns in eine kleine Halle, wo viele Menschen – auch kleine Kinder – gefangen gehalten waren. Sie sagten zu uns, wir müssen Libyen verlassen. Alles, was wir in diesem Gefängnis erlitten haben, kann ich hier nicht mehr erzählen. Ich werde es niemandem mehr erzählen, weil uns damals in Italien niemand geglaubt hat, als wir ankamen. Ehrlich gesagt, ich habe nie gewusst, dass es so was gibt", so Mike mit dem Blick in die Leere.

„Wie lange wart ihr im Gefängnis in Libyen?", fragte ich Mike ganz leise.

„Ich weiß es nicht mehr genau, lange, drei Monate oder mehr. Dort kamen immer libysche Männer in der Uniform, die uns mit Metallstangen und Holzbrettern schlugen, und folterten. Sie haben alle Mädchen und sogar viele Jungen im Gefängnis mehrfach vergewaltigt. Eines Tages kamen diese libyschen Kriminellen und zwangen eine Gruppe von über 200 Leuten, ins Boot zu steigen. Ich wurde von den Schleppern gezwungen, ohne meine Mutter und Geschwister ins Boot zu steigen und nach Europa zu fahren. Schlepperbanden haben sich in Libyen organisiert, um gefangene Afrikaner in den vielen Haftzentren und Zwangsarbeitslagern mit Erpressung und Lösegeld nach Europa zu evakuieren. Meine Mutter hatte das ganze Geld schon verloren, aber die libyschen Schlepperbanden wollten immer noch mehr Geld von ihr.

Sie wurde inzwischen in ein Zwangsarbeitslager geschickt. Zwei meiner jüngeren Geschwister sind auch später ins Boot geworfen worden und irgendwo gestrandet. Wir wissen nicht, wo sie sind. Wir haben alles verloren. Deshalb muss ich jetzt arbeiten, um meiner Mutter zu helfen", so Mike weiter.

Leiden an Körper und Seele

Diese Geschichte ist ein wahrer Albtraum. Auch wenn *Mike* nicht alles detailgenau erzählen konnte oder wollte, was die gefangenen Afrikaner in Libyen seit dem Ausbruch des Krieges 2011 erleiden mussten, boten die Schilderungen seiner Geschichte und die Narben am Körper von Steve genügend Hinweise, um die Gräueltaten nachvollziehen zu können. Aber wieso ist *Mike* so tapfer geblieben trotz allem? Diese Frage ruft Bewunderung und Respekt hervor. Die beiden Jungen hatten Libyen im Oktober 2013 verlassen. Beide waren damals als unbegleitete Minderjährige in Italien angekommen.

Ich ergriff das Wort und versuchte ganz vorsichtig, ihn zu ermuntern: *„Mike, du muss mir heute nicht erzählen, was ihr alles in Libyen und in Italien durchgemacht habt. Alles zu seiner Zeit. Irgendwann mal, wenn du eine vertraute Person triffst, solltest du dich mit ihr darüber unterhalten. Das hilft sehr, sich von dem Trauma zu befreien und sich davon zu heilen. Durch gezielte therapeutische Behandlung sollten diese schmerzlichen Erfahrungen bearbeitet werden und sie müssen raus, damit du dein inneres Gleichgewicht wiederherstellen kannst. Das ist sehr wichtig. Denke darüber nach und sage mir Bescheid, wenn du so weit bist und Hilfe brauchst. Denke an die Zukunft. Sie hängt von deiner Entscheidung ab"*, so meine Ratschläge an Mike.

Er antwortete sehr energisch: *„Ich traue niemandem mehr. Niemandem! Ich wurde in Italien deshalb geschlagen. Man sagte zu uns, wir seien Angeber und Lügner, die nur Geschichten erfinden, um nach Europa zu kommen. Wir wurden aus dem Camp rausgeschmissen und mussten auf der Straße wie Hunde leben. Glauben Sie mir, ich erzähle es nur Ihnen. Wir mussten betteln ums Überleben! Sie haben keine Ahnung, wie wir gelitten haben"*[21], so *Mike* weiter.

Ich verstand seine Entschlossenheit und versuchte trotzdem, ihm die Wichtigkeit der Therapie zu verdeutlichen. Ich ging seinen gegenwärtigen Bedürfnissen

---

21 Der Bericht von Mike stimmt überein mit den seit 2011 von Amnesty International dokumentierten Aussagen zahlloser Männer, Frauen und unbegleiteter Minderjähriger, die in solchen Zentren in Libyen inhaftiert waren und von schrecklichen Zuständen, Gewalt und sexuellem Missbrauch berichteten.

nach. Und sagte zu ihm: *„Ich find's sehr gut, dass du lernen willst. Du solltest mit dem Sprachkurs so bald wie möglich anfangen. Arbeiten kannst du nur, wenn du die Sprache lernst und die Arbeitserlaubnis erhältst"*, erklärte ich ihm sorgfältig. *„Du bist jung und intelligent, Deutsch lernen wird dir nicht schwerfallen. Je früher du damit anfängst umso besser. Das gilt für euch beide. Wir sind für euch da, falls ihr Fragen habt. Bitte, startet mit dem Deutschkurs schon in der Aufnahmeeinrichtung. Der elementare Kurs findet jeden Tag am Vormittag und am Nachmittag statt. Seid ihr einverstanden?"*

Beide Jungen antworteten: *„Ja, wir sind damit einverstanden."*

Die Jungen verließen mein Büro nachdenklich, aber mit etwas Zuversicht. Ich hatte dieses Mal nicht gewagt, über die Top-5-Herkunftsländer zu sprechen, um die Frustration und das Gefühl der Ungerechtigkeit nicht zu verstärken. Die beiden Jungen gehören nicht zu den Top-5-Herkunftsländern. Sie müssen sich gedulden und das Beste erhoffen.

Erfahrung von Gefangenschaft und Zwangsarbeit

Eine ehrenamtliche Lehrkraft des Deutschkurses, die sich mit Schutzsuchenden in der Aufnahmeeinrichtung am Fliegerhorst beschäftigt, schickte mir im Herbst 2016 den 20-jährigen *Alassane* aus Mali in die Beratung, der bei ihr regelmäßig am Deutschunterricht teilnahm. Der Junge beherrschte nur seine Muttersprache und sprach ein rudimentäres Französisch, das ich nur sehr mühsam verstehen konnte. Die Strapazen seiner Flucht vor dem Krieg in seinem Heimatland über Niamey in Niger nach Libyen waren schockierend. Im Herbst 2014 wurde *Alassane* in Libyen inhaftiert, weil er kein Geld hatte, um sich aus dem Gefängnis freizukaufen. So sei ihm nur die Zwangsarbeit geblieben, um den wiederholten Schlägen und Misshandlungen während der Haft in Libyen zu entkommen. Aber dies half nicht: *„Ich habe sechs Monate im Arbeitslager verbringen müssen, weil ich kein Geld hatte, um es den Wächtern zu geben. Ich hatte niemanden, den ich anrufen konnte, um mir Geld zu schicken. Sie haben mich und andere Inhaftierte sehr schlecht behandelt und ich musste alles Mögliche für sie tun: Auf dem Feld arbeiten, Sand oder Steine schleppen. Lohn bekam ich nie. Wenn wir ihnen sagten, dass wir krank geworden waren und Hunger hatten, brüllten sie uns an. Sie gaben uns Wasser zu trinken, das mit Benzin vermischt war. Oder sie streuten Salz hinein, nur um uns zu bestrafen. Sie reichten mir ein Telefon und sagten, ich solle meine Familie anrufen und mir Geld für meine Freilassung schicken lassen. Ich habe aber keine Familie mehr, ich weiß nicht, wo meine Schwester ist, meine Eltern sind beide im Krieg in Gao gestorben. Ich konnte niemanden anrufen, und da haben sie mich ge-*

schlagen und mir nichts mehr zu essen gegeben. Danach haben sie uns ins Gefängnis zurückgebracht, von dort mussten wir nach langem Warten Libyen verlassen. Man hat uns ins Boot geworfen und nach Italien geschickt. Ich wollte nicht nach Italien. Wir sind nach Libyen gekommen, um Arbeit zu suchen und dort zu leben. Aber ich habe nicht gewusst, dass dort Krieg herrscht. "

Diese Misshandlungen werden von vielen Schutzsuchenden in der Beratung in ähnlicher Weise geschildert. Die Opfer leiden an psychosomatischen Erkrankungen. Nicht alle wollen sich einer psychologischen Therapie unterziehen. Schock und Trauma sitzen tief und haben Spuren an Leib und Seele hinterlassen. Viele wollen und können nicht darüber sprechen und vertrauen niemandem mehr. Psychotherapie kennen sie aus ihren Heimatländern nicht. Für ihr Weiterkommen ist das ein großes Dilemma.

„Wir haben viel gelitten. Deshalb erzählen wir es lieber nur ihnen, weil sie Afrikanerin sind wie wir. Eine afrikanische Frau versteht das Leiden anderer Afrikaner besser", sagten viele Bewohner der Erstaufnahmeeinrichtung zu mir. Und ich antwortete: *„Bei der Caritas gibt es keine Schlepperbande oder Kriminelle, vor denen ihr Angst haben müsst. Wir sind für Eure Unterstützung da. Bitte habt Vertrauen zu allen Mitarbeitern. "*

Diese Antwort führt manchmal zu Misstrauen, Missverständnissen und Ablehnungen: *„Wir wollen nur mit Ihnen sprechen! Wir haben genug schlechte Erfahrungen gemacht. Wir wurden oft schlecht behandelt",* antworten viele afrikanische Schutzsuchende ganz entschlossen. Ich gebe nicht auf, ich versuche immer wieder, ihnen klar zu machen, dass es notwendig sei, das Vertrauen wiederherzustellen und offen mit allen Beratern über ihr Anliegen zu sprechen und nach notwendiger Hilfe zu suchen. Das gelingt leider nur zum Teil.

Mit Schutzsuchenden wie *Mike* aus Nigeria, *Steve* aus Sierra-Leone, *Alassane* aus Mali und vielen anderen Tausenden in der gleichen Situation, die nicht aus den Top-5-Herkunftsländern kommen und wenig bis keine Bleibechance haben, versuchen wir durch gezielte Beratung und notwendige Orientierungshilfe achtsam umzugehen. Wir schenken ihnen Gehör und geben ihnen, falls erforderlich, die nötigen Hinweise für die Rückkehrberatung beim Coming Home Service. Diese Umstände führen bei den vielen Betroffenen zu einem tiefen Trauma und zur Verzweiflung.

Die Sehnsucht dieser jungen Menschen nach Sicherheit und nach einem würdigen Leben ist ein menschliches Bedürfnis, das in der gesamten Geschichte der

Menschheit und ihrer Migrationsbewegungen im Laufe der Jahrhunderte vorzu-finden ist.

Junge Mädchen in der Gewalt des Islamischen Staats (IS) im Orient

Ein jesidisches Mädchen berichtete in der Beratung, wie sie mit anderen Mäd-chen in die Gewalt von IS-Kämpfern geriet. Von dutzenden Männern wurden sie innerhalb weniger Stunden vergewaltigt. *„Sie sagen, wir sind wie Ziegen, die man auf einem Markt gekauft hat"*, sagte ein 17-jähriges Mädchen, das von IS-Kämpfern entführt wurde. *„Er hat mich verflucht und mich jeden Tag geschla-gen, mich vergewaltigt und getreten. Er hat mir nur eine Mahlzeit gegeben. Wir be-gannen zu überlegen, uns selbst zu töten."*

Im Jahr 2014 berichtete die *Gesellschaft für bedrohte Völker*[22], eine weltweite Men-schenrechtsorganisation mit dem Hauptsitz in Göttingen, dass IS-Milizen zahl-reiche irakische Mädchen und Frauen entführten und versklavten. Nach der Be-freiung von der Schreckensherrschaft des IS im Irak wird nach und nach das ganze Ausmaß bekannt. Der Islamische Staat (IS) überrannte in Norden Iraks Dörfer und errichtete sein Terrorregime. Augenzeugen zufolge wurden Frauen und Männer, Alte und Junge getrennt. Alle jungen Männer wurden erschossen, wenn sie sich weigern, zum Islam zu konvertieren; die jüngeren Frauen hingegen wurden verschleppt. Inoffiziellen Berichten zufolge wurden insgesamt fünftau-send Yezidinnen im Alter zwischen 13 und 56 von den IS-Milizen gekidnappt und versklavt. Die Frauen und Mädchen wurden entweder gleich einem IS-Kämpfer zugeteilt oder auf den in der Folge entstandenen Sklavenmärkten verkauft. Im ehemaligen Staatsgefängnis in Mossul, wo zuvor 670 schiitische Insassen öffentlich ermordet wurden, saßen zeitweise annähernd tausend Frauen fest. Immer wieder wurden sie gedrängt, zum Islam zu konvertieren. Wenn Frauen nicht konvertierten, wurden sie gefoltert, um ihren Willen zu brechen: Sie wurden geschlagen, getreten und später brutal von mehreren Männern verge-waltigt. Oft wurden die Frauen vor diesen Vergewaltigungen von Kosmetikern geschminkt, um sie „attraktiver" zu machen. Zudem zwangen die IS-Milizen die Frauen nach den Vergewaltigungen, ihre Familien anzurufen und im Detail zu beschreiben, wie sie misshandelt wurden. Das vergrößerte das Leid der Mädchen und Frauen und schürte Angst in der Bevölkerung.

---

22 Gesellschaft bedrohter Voelker (GfbV), Bericht über die Menschenrechtsarbeit in Krisengebieten der Welt für 2014 (S. 9–12), Göttingen, publiziert am 27.09.2015. Am 14. August 2014 berichtete die Yezidin Nehad Isa vor den Medien und der Öffentlichkeit über das Leid der Yezidinnen in IS Gefangenschaft. https://www.gfbv.de/fileadmin/redaktion/Vereinsangelegenheiten/Jahresberichte/GfbV_Jahresbericht__2014.pdf.

Unter dem Druck und der Folter konvertierten einige irakische Frauen. Sie wurden anschließend für tausend US-Dollar verkauft und „zwangsverheiratet". Nichtkonvertierte seien auf dem Sklavenmarkt nicht mehr als 25 US-Dollar wert gewesen.

Das Beispiel einer außergewöhnlichen jungen Frau aus dem Irak, die von Terroristen schwerstens missbraucht wurde, war Nadia Murad (23). Sie konnte fliehen und kämpft seitdem gegen den Missbrauch durch die Terroristen. Sie wurde 2016 für ihr mutiges Engagement zur UN-Sonderbotschafterin für die Würde der Opfer von Menschenhandel ernannt. Die junge Yezidin wurde im August 2014 von „IS"-Terroristen aus ihrem Heimatdorf Kocho nahe der nordirakischen Stadt Sinjar entführt. Die Terroristen verschleppten sie in die „IS"-Hochburg Mosul. Dort wurde sie drei Monate als Sexsklavin gefangen gehalten und immer wieder Opfer von Gruppenvergewaltigungen – oft bis zur Ohnmacht. Mehrmals wurde *Nadia* weiterverkauft.

„Ich wurde auf die Art und Weise benutzt, wie sie es wollten", sagte sie der Presse auf einer UNO Konferenz 2016 in New York. Irgendwann konnte sie entkommen und landete in einem nordirakischen Flüchtlingscamp. *Nadia* war eine von Tausend Frauen und Mädchen, die von dort über ein Sonderprogramm nach Baden-Württemberg ausgeflogen wurden. Seitdem erzählt sie der Öffentlichkeit von dem Leid der Opfer von Menschenhandel und prangert die Misshandlung von Flüchtlingen, Frauen und Mädchen an.

Die mutige *Nadia* rief um Hilfe: Sie forderte die Freilassung von schätzungsweise 3.200 yezidischen Frauen und Mädchen, die von „IS"-Extremisten als Sexsklavinnen festgehalten worden waren. Sie will, dass die Täter verurteilt werden, denn sie befürchtet, dass diese sonst *„einfach ihre Bärte abrasieren und durch die Straßen der Städte gehen, als sei nichts gewesen",* wenn die Terrormiliz einmal besiegt sei.

„Wir dürfen das nicht geschehen lassen", sagte *Nadia* nach ihrer Ernennung in New York. Der ehemalige UN-Generalsekretär Ban Ki-moon sagte während eines humanitären Weltgipfels 2016 in New York, er sei von *Nadias* Schicksal „zu Tränen gerührt", aber auch von „ihrer Kraft, ihrem Mut und ihrer Würde".

Ziel der Vergewaltigungen war es, die Yeziden auszurotten. Es geht dem Islamischen Staat nicht darum, ihnen Einfluss oder politische Macht zu nehmen, sondern das Yezidentum als Ganzes verschwinden zu lassen. Ein Weg dazu liegt in der Kultur der yezidischen Religion begründet. Wenn ein Yezide und ein Andersgläubiger ein Kind bekommen, nimmt dieses die Religion des Andersgläubigen an. Nur wenn beide Elternteile Yeziden sind, wird das Kind auch Teil dieser Glaubensgemeinschaft. Indem Anhänger des IS Yezidinnen schwängerten und alle jungen Männer töteten, hofften sie, die Yeziden „aussterben" zu lassen.

Laut der syrischen Menschenrechtsorganisation *Syrian Observatory for Human Rights* wurden allein im September 2014 mindestens 300 entführte irakische Frauen und Mädchen über die Grenze nach Syrien verschleppt, um den dort kämpfenden IS-Milizen als Sexsklavinnen zu dienen. Die Opfer wurden als „Beute aus dem Krieg mit den Ungläubigen" angesehen und unter höherrangigen Kämpfern in der Gegend von Raqqa und Aleppo verteilt. Die UN verurteilte diese Verbrechen scharf als „barbarische Akte sexueller Gewalt". Diese spezielle Gewalt gegenüber Frauen und Kindern, darunter schlimmste Vergewaltigungen, Menschenhandel und Sexsklaverei, sind laut der UN-Berichte schwere und strafbare Menschenrechtsverletzungen, die als Kriegsverbrechen und Verbrechen gegen die Menschlichkeit angesehen werden.

Jetzt kann jeder verstehen, was die 28-jährige Syrerin *Zara* unter *Gesichtsverlust* und *teurem Preis* ihrer Flucht aus der Gefangenschaft der IS-Milizen im September 2015 in der Nähe von Aleppo in Syrien meinte, als sie mir ihre Geschichte erzählte. Die gute Nachricht an diesem Tag, dem 7. September 2015, war, dass 80 junge Frauen in der Nähe von Sinjar durch Angriffe kurdischer Sicherheitskräfte und der US-Luftwaffe aus der Gefangenschaft des IS befreit werden konnten. Andere kamen mittels Lösegeldzahlungen frei, wie *Zara* und ihre mitgefangenen Frauen in der Nähe von Aleppo. Ihr drei Monate altes Baby hatte sie allerdings dort verloren.[23] Trotz allem ist *Zara* heute wohlauf, und sie ist dabei, ein neues Leben in Deutschland mit Zuversicht zu starten.

In der Falle von Organhändlern

Der Überlebenswille der Schutzsuchenden in der Aufnahmeeinrichtung wird oft von Verzweiflung und Ängsten überschattet. In der Beratung haben wir die Gelegenheit, den Menschen ohne falsche Versprechungen Orientierung zu geben und sie zu ermutigen.

Einmal begann der Arbeitstag in der Aufnahmeeinrichtung am Fliegerhorst mit einem Beratungsgespräch dreier junger Männer aus Eritrea. *Ibrahim* und *Omari*

---

23 Zara hatte 2015 nicht nur ihr drei Monate altes Baby auf der Flucht verloren, sondern auch ihren Ehemann und dessen Neffe im griechischen Meer, wie vorher in diesem Buch beschrieben wurde.

sind Cousins. *Kadem* sollte für die beiden übersetzen, aus Tigrinja, das in Eritrea gesprochen wird, ins Englische.

Die drei Asylsuchenden sahen ganz verzweifelt und antriebslos aus. Die Traurigkeit war ihnen ins Gesicht geschrieben. Ibrahim litt an Rückenschmerzen und konnte kaum allein gehen. Er musste zum Arzt. Ich stellte schon am Anfang fest, dass wir trotz des freundlichen Angebots des Übersetzers vor einem großen Kommunikationsproblem standen.

Trotz der schwierigen Verständigung war die Stimmung freundlich und gelassen. Ich entschloss mich, mit Mimik und Gestik zu kommunizieren. Es hat etwas gedauert, bis wir uns gegenseitig verstanden haben. Ich vereinbarte einen Termin beim Arzt für *Ibrahim* und händigte den Dreien die BAMF-Formulare für ihren Antrag auf Zulassung zur Teilnahme am Deutsch- und Integrationskurs aus. Sie hatten als Schutzsuchende aus einem der Top-5-Herkunftsländer bereits während ihres laufenden Asylverfahrens Anspruch darauf, einen regulären Deutsch- und Integrationskurs zu besuchen. Diese Kurse werden vom BAMF finanziert und von etablierten Sprachinstituten oder einem anderen Kursträger durchgeführt. Personen aus den Top-5-Herkunftsländern haben eine größere Aussicht auf Asyl, in der Behördensprache heißt das kurz eine „größere Bleibeperspektive".

Ibrahim und *Omari* erzählten mir eine fast unglaubliche Geschichte. *„Wir versuchten wie viele andere junge Männer, der Zwangsarbeit beim Militär zu entkommen. Schlepper versprachen uns ein besseres Leben in Ägypten und gute Jobs im Tourismus. Jeder von uns bezahlte 700 Dollar an die Schlepper und sie brachten uns nach Ägypten. Das ganze Dorf hat das Geld zusammengelegt, um die Schlepperbande zu bezahlen."*

Leider lief dort alles anders als erhofft. Schlepper, die sie nach Ägypten gelockt hatten, waren „Geschäftsmänner der besonderen Art". Sie handelten nicht mit Gütern und Waren, sondern trieben Handel mit Menschen und deren Organe. *„Wir erhielten nicht – wie versprochen – Arbeit in der Tourismusbranche, sondern wurden sofort zur Untersuchung in eine Klinik gebracht. Einige von uns, die gesundheitlich schwach waren, wurden nach den Untersuchungen entlassen, andere nicht. Als wir aus der Narkose aufwachten, wussten wir nicht, was mit uns los war. Uns war übel, wir hatten Schmerzen im Rücken. Erst nach ein paar Tagen stellten wir fest, dass jedem von uns eine Niere entnommen worden war."* Für ihre Behandlung mussten sie selbst die Kosten übernehmen. Dank der Hilfe ihrer Landsleute, die schon lange in Ägypten lebten, konnten sie überleben. Allerdings kam für einige ihrer Landsleute jede Hilfe zu spät. *„Manche von uns konnten sich von der Entfernung ihrer Niere nicht erholen oder ihre Wunden heilten nicht und sie starben an den Folgen der Operation."*

Drei Jahre nach dem arabischen Frühling verließen *Ibrahim* und *Omari* Ägypten und ließen sich von Schleppern nach Italien locken. Man hatte ihnen die Illusion vom Paradies in Italien verkauft. Sie stiegen ins Boot und strandeten schließlich in Italien, wo sie auf der Straße landeten und ums Überleben kämpften.

Nach diesem Beratungsgespräch spürte ich ein großes inneres Bedürfnis, das Phänomen der Massenflucht und des Menschenhandels näher zu erforschen. Es ging mir nicht darum, die Glaubwürdigkeit dieser Geschichten als solche in Frage zu stellen, sondern vielmehr darum, die Gefahren und die Ursachen dieser Tragödie, denen so viele Menschen gleichzeitig hilflos ausgeliefert sind, näher zu untersuchen. Ich möchte die Hintergründe dieser tragischen Geschichten aufdecken, um sie besser zu verstehen und die Öffentlichkeit darauf aufmerksam zu machen.

Nigerianische Frauen als Zwangsprostituierte in Westeuropa

Zahlreiche junge Frauen und Mädchen aus Nigeria berichten in der Beratung über das abscheuliche Phänomen der Zwangsprostitution mit verheerenden Folgen für die Betroffenen. In Nigeria werden Mädchen und junge Frauen mit falschen Versprechungen angelockt. Den betroffenen Mädchen fällt es äußerst schwer, über ihr Leiden zu sprechen. Diejenigen, die sich bei mir in der Beratung offenbart haben, baten mich dringend darum, ihre persönlichen Geschichten nicht öffentlich bekannt zu machen. Die Angst sitzt einerseits wegen der massiven Drohungen und Erpressungen der Zuhälterinnen sehr tief. Andererseits haben sie auch Angst, dass ein tödlicher Fluch über sie und ihre Familien kommt, weil sie Schweigepflicht und unbedingten Gehorsam geschworen haben.

Die Hintergründe dieses Phänomens sind für zahllose Betroffene ähnlich: Nigerianerinnen, die im Netzwerk der Zwangsprostitution und des Menschenhandels arbeiten, erzählen den Mädchen von den glänzenden Zukunftsperspektiven in Italien und beeindrucken dadurch die jungen Frauen mit ihrer schicken Kleidung, Schmuck und Autos. Sie überreden die Mädchen und fragen sie, ob sie auch nach Italien beziehungsweise nach Europa gehen würden, und versprechen ihnen, die illegale Überfahrt zu organisieren und die Kosten zu übernehmen.

Um das Geld für die Reise, rund 40.000 Euro, bräuchten sich die Mädchen erst mal keine Sorgen zu machen, das könnten sie zurückzahlen, sobald sie einen Job in Europa hätten. Mit den guten Gehältern dort könnten sie auch ihre Familie besser finanziell unterstützen. Die ahnungslosen Mädchen willigen ein und landen damit unmittelbar in der Falle der Zwangsprostitution.

Nach der Ankunft in Europa erwartet sie ein Schlepper, der ihnen das Geld und den Reisepass wieder abnimmt. Die Mädchen werden meistens in Italien gefangen gehalten; andere werden nach Brüssel, Paris, Barcelona, Amsterdam, Hamburg, München, Berlin und andere europäische Großstädte gebracht, wo sie zum ersten Mal ihre Zuhälterin treffen. So ähnlich beginnt die Geschichte Zehntausender Frauen und Mädchen aus Nigeria, die dasselbe tragische Schicksal teilen. Diejenigen, die den Zuhältern entkommen, suchen nach Schutz und stellen einen Asylantrag. Meist wissen sie nicht, dass sie als Opfer der Zwangsprostitution und des Menschenhandels in einer schutzwürdigen Lage sind.

Aus Nigeria wanderten sie aus in der Hoffnung auf ein besseres Leben. In Italien gestrandet, müssen sie ihre Körper gegen ihren Willen auf den Straßen Europas verkaufen, manche werden massiv gefoltert, zahlen mit ihrem Leben, wenn sie sich verweigern. Es ist die Geschichte Tausender schutzloser junger Frauen, die misshandelt, ausgebeutet, deren Leben zerstört werden. Viele Opfer leiden unter post-traumatischen Folgen der Zwangsprostitution (körperliche und seelische Misshandlungen, ungewollte Schwangerschaft, Abtreibungen) und an unheilbaren Geschlechtskrankheiten. Unsere Aufgabe besteht darin, die Betroffenen zu beraten, zu orientieren und zu ermutigen, sich an zuständige Hilfsdienste, die speziell Opfer von Zwangsprostitution betreuen, zu wenden, damit sie sich einer angemessenen Behandlung unterziehen zu können. Nigeria ist nicht arm an Ressourcen, doch die korrupten Politiker, die religiösen Spannungen zwischen Christen und Muslimen und die Ausbeutung der Rohstoffe ohne adäquaten Ausgleich für die Entwicklung des Landes lassen viele junge Menschen verzweifeln.

Die Schicksale der nigerianischen Frauen sind unterschiedlich. Manche von ihnen wurden von Schleppern gekidnappt und nach Libyen verschleppt. Andere wurden, wie vorher erwähnt, mit falschen Versprechungen in die Irre geführt, indem ihnen eine Illusion vom Paradies in Europa vermittelt wurde. Jungen Mädchen wie auch jungen Männern wurde Arbeit und eine bessere Zukunft in einer ihnen unbekannten Welt versprochen. Viele glaubten daran und ihre Eltern gaben ein Vermögen aus, um ihre Kinder aus dem reichen, aber perspektivlosen Land Nigeria wegzuschicken.

In Nigeria ist die Situation des Frauenhandels besonders dramatisch, das Land erlebt zurzeit einen Exodus wie kaum ein anderes Land in Westafrika. Obwohl Nigeria auch eines der reichsten Länder Afrikas ist, lebt mehr als die Hälfte seiner Bevölkerung in extremer Armut, das heißt von weniger als einem US-Dollar pro Tag und die Jugendarbeitslosigkeit ist sehr hoch. Armut und Perspektivlosigkeit lassen viele junge Frauen und Mädchen sowie junge Männer in Scharen das Land verlassen, Schätzungen gehen von 300.000 Frauen pro Jahr aus, im Vergleich zu 700.000 Männern. Sie haben kaum etwas zu verlieren und setzen alle ihre Hoffnungen auf eine Zukunft anderswo. Die UN bezifferte im Jahr 2014 die Zahl der Zwangsprostituierten aus Nigeria auf 10.000 Frauen allein in Italien[24].

Dazu kommt der religiös motivierte Terror, den die schwache und korrupte Regierung nicht bewältigt: Kämpfer der islamistischen Gruppe Boko Haram, die im Jahr 2014 mehr als 200 Schülerinnen gefangen hielten, töteten seitdem Hunderte Menschen und brannten Kirchen und Moscheen nieder, als sie mehrere Dörfer stürmten. Sexuelle Ausbeutung ist eines der lukrativsten Geschäfte für international operierende Verbrecherbanden. Sie machen sich die Schutzlosigkeit und die Perspektivlosigkeit junger Frauen, auch minderjähriger, zunutze.

Während 2015 bis Mitte 2016 der größte Anteil der Flüchtlinge in Deutschland aus dem arabischen Raum, Afghanistan und Iran kamen, war in der zweiten Hälfte des Jahres 2016 die Mehrheit der Flüchtlinge in der Aufnahmeeinrichtung am Fliegerhorst afrikanischer Herkunft, dabei viele aus Nigeria, Eritrea und Somalia. Viele Frauen und ganz junge Mädchen aus diesen Ländern waren schwanger; die meisten durch Vergewaltigungen und sexuellen Missbrauch. Ihre Erfahrungsberichte sind außerordentlich schrecklich. Die Rede ist oft von *Erpressung*, *Zwangsprostitution* und *Menschenhandel*[25].

---

24 United Nations Interregional Crime and Justice Research Institute (UNICRI) und die Global Initiative against Transnational Organized Crime berichteten bereits im Mai 2014 über die steigende Anzahl von Nigerianischen Flüchtlingen, die ihre Heimat verlassen. Global Initiative against Transnational Organized Crime Rapport 2014: *Smuggled futures: the dangerous path of a migrant from Africa to Europe*, Rom, May 7, 2014, http://globalinitiative.net/smuggled-futures/. Laut nigerianischen Behörden betreffen 46 Prozent des Menschenhandels aus Nigeria Minderjährige.

25 Menschenrechtsorganisationen wie Human Rights Watch und die internationale Presse sind diesem Kriminalitätsnetzwerk nachgegangen. Die Stuttgarter Zeitung berichtete am 14. August 2017 über *Menschenhandel auf dem Mittelmeer und Hölle Europa*: „Sie wurden auf dem Mittelmeer gerettet. Befreit aus den Fängen der Menschenhändler sind viele von ihnen nicht. Vor allem Nigerianerinnen werden sexuell ausgebeutet, wenn sie im vermeintlich sicheren Europa ankommen."
https://www.stuttgarter-zeitung.de/inhalt.menschenhandel-auf-dem-mittelmeer-hoelle-europa.0b8843a5-a82f-4e6f-8398-8cc71a191e22.html.

4 Internationales Netzwerk organisierter Kriminalität für Menschenhandel und moderne Sklaverei

In den 1980er- und 1990er-Jahren waren Frauen aus Asien (aus den Philippinen, Thailand, Indien oder Indonesien) und aus Osteuropa[26] (Rumänien, Polen, Bulgarien, Russland, ehemalige Tschechoslowakei und den Balkanländern) von dem menschenverachtenden Phänomen des Frauenhandels und der Prostitution betroffen.

Seit etwa 2014 sind auch Westafrikanerinnen, vorwiegend Nigerianerinnen, Opfer von Frauenhandel. Die betroffenen Mädchen und jungen Frauen, auch junge Männer, berichten von einem internationalen kriminellen Netzwerk des Menschenhandels, insbesondere des Frauenhandels, das bis tief in die westafrikanischen Dörfer vorgedrungen sei. Wiederholt sich die tragische Geschichte des afrikanischen Sklavenhandels im 21. Jahrhundert? Diese vielen jungen Menschen aus Afrika, die ihre Heimatländer verlassen, wären die Zukunft dieser afrikanischen Länder. Auch viele andere junge Menschen aus Afrika suchen Sicherheit und ein besseres Leben. Das Leiden dieser jungen Menschen während der Flucht ist herzbewegend. Sie sind im Netz der skrupellosen kriminellen Banden gefangen, werden erpresst, gefoltert und erbarmungslos missbraucht. Wir wollen in diesem Kapitel auch der Frage nachgehen, wie diese abscheulichen Verbrechen gestoppt werden können.

---

26 Meist allerdings, so die *Deutsche Welle*, kommen die Frauen immer noch aus Osteuropa, aus Ungarn, Bulgarien, Tschechien, Rumänien. Denn die Menschenhändlerbanden brauchen keine aufwendige Beschaffungslogistik und keine gefälschten Papiere, die versklavten Frauen kommen legal über die Grenze. Das macht den Markt auch für Händler aus Westeuropa so attraktiv. Mehr Informationen siehe: Birkenstock, Günther: *Der Menschenhandel in der EU nimmt* zu, Deutsche Welle (DW), Berlin, 16.04.2013. http://www.dw.com/de/der-menschenhandel-in-der-eu-nimmt-zu/a-16745852.

Die Erstverantwortlichen scheinen die Regierungen afrikanischer Länder zu sein, die für die Zukunft ihrer jungen Generation sorgen und ihr Sicherheit geben müssten. Aber wie können sie das, wenn oft nicht einmal das Minimum an Rechtsstaatlichkeit und Gerechtigkeit gewährleistet ist? Wie können sie das, wenn ihre Bevölkerung unter repressiven und korrupten Regimen überleben muss und die Ressourcen des Landes nicht dem Gemeinwohl zugutekommen? Wie können Fluchtbewegungen gestoppt werden, wenn die Menschen keine Arbeit haben oder von ausländischen Konzernen ausgebeutet werden und keine Sicherheit herrscht? Und wie können junge Menschen, wenn sie ohne Zukunftsperspektive in ihrer Heimat leben, geschützt werden, damit sie nicht zur leichten Beute krimineller Banden werden?

Hintergründe zum Menschenhandel in Nigeria

Der Menschenhandel in Nigeria ist fest in Frauenhand – vernetzt mit internationaler Kriminalität.[27] Meist sind es ehemalige Opfer, die gezwungen werden, den Nachschub für den europäischen Markt zu organisieren, um sich irgendwann selbst freikaufen zu können. So entstehen eine Kettenreaktion von Menschenhandel und ein kriminelles Netzwerk. *„Das Netzwerk der Frauenhändler ist nicht hierarchisch gegliedert wie etwa die Mafia, es gibt keine klaren Befehlsstrukturen"*, schreiben die beiden österreichischen Sozialwissenschaftlerinnen Mary Kreutzer und Corinna Milborn in ihrem 2008 veröffentlichten Buch mit dem Titel *Ware Frau*.

Die Knotenpunkte dieser Strukturen seien die *Madames*. Den Autorinnen zufolge schließen sich zehn oder 15 Frauen, ehemalige Zwangsprostituierte, zusammen und sparen gemeinsam das Geld an, um ein Mädchen mit falschen Versprechen nach Europa zu bringen. „Osusu" nenne sich diese Form des nigerianischen Investmentsparens. Die angeworbenen Mädchen werden zu einem Medizinmann in einem nahe gelegenen Dorf gefahren. Er erzählt von einer angeblichen Schwester, Tante, guten Bekannten von ihm, die in Europa lebt und dort eine Babysitterin, eine Haushälterin oder Verkäuferin in ihrem Kosmetikgeschäft sucht. Die Mädchen werden gefangen genommen, müssen vor dem Priester schwören, dass sie der *Madame* ab jetzt gehören. Sie müssen sich unterwerfen und totalen Gehorsam versprechen. Es wird eine absolute Schweigepflicht mit ihnen vereinbart. Den Mädchen wird mit Mord, Fluch und Verfolgungen ihrer

---

27 Zuletzt berichten die FAZ und Süddeutsche Zeitung über das kriminelle Netzwerk der Zwangsprostitution in Nigeria und Italien:
http://www.faz.net/aktuell/politik/ausland/nigerianerinnen-werden-in-europa-zur-prostitution-gezwungen-15202045-p2.html; http://www.sueddeutsche.de/panorama/italien-ciao-sumpf-1.3808654.

gesamten Familie gedroht, wenn sie die Schweigepflicht nicht einhalten. Sie dürfen dann mit der Frau telefonieren, jener Frau, die sich später als ihre Zuhälterin herausstellen wird: die *Madame*. Die Schleuser sind nur Dienstleister, die mehr oder weniger gut bezahlt werden.

Der Leidensweg vieler nigerianischer junger Frauen, die mit falschen Versprechungen vor allem nach Italien gelockt werden, ist ein unbeschreiblicher Horror. Dabei läuft der Menschenhandel immer gleich ab: Sind die Frauen erst einmal in Europa, werden sie an unbekanntem Ort gefangen gehalten und sie werden mit exorbitanten Rückzahlungsforderungen zur Prostitution gezwungen. Dazu sind die Mädchen qualvollen Misshandlungen von unvorstellbarem Ausmaß ausgeliefert. Der Handel mit Frauen, Mädchen und manchmal auch Jungen zur sexuellen Ausbeutung boomt wie nie zuvor.

Seit dem Ende der 1980er-Jahre ist die Zahl der Zwangsprostituierten ständig gestiegen. Nach Schätzungen der Europäischen Kommission werden inzwischen Jahr für Jahr mindestens 120.000 Mädchen und Frauen aus aller Welt nach Westeuropa verschleppt und zur Prostitution gezwungen. Neben Drogen- und Waffenhandel gelten Zwangsprostitution und Menschenhandel mittlerweile als das drittgrößte Geschäft der organisierten Kriminalität.

Wie kann die Zwangsprostitution bekämpft werden?

Die örtlichen Behörden in Nigeria müssten in der Lage sein, die entsprechenden kriminellen Netzwerke zu zerschlagen und die Täter und Täterinnen hart zu bestrafen. Aber in einem Land, wo die Korruption an der Tagesordnung ist, können die Opfer von ihrer Staatsregierung und den Behörden nicht viel erwarten. Ebenfalls nicht praxistauglich ist das deutsche Gesetz, mit dem 2005 die Strafvorschriften für Menschenhandel verschärft wurden.[28] Es schützt die Opfer nur unzureichend. Die Betroffenen müssen fürchten, im Eilverfahren ausgewiesen zu

---

28 In Deutschland gelten nach Umsetzung der EU-Richtlinien von 2002 folgende Gesetze zum Thema Menschenhandel und Zwangsprostitution: § 232 StGB Menschenhandel zum Zweck der sexuellen Ausbeutung und § 233 StGB Menschenhandel zum Zweck der Ausbeutung der Arbeitskraft. § 232: die Ausnutzung der Hilflosigkeit, Ausweglosigkeit und Unwissenheit einer Person, die sich in einem fremden Land (also in diesem Fall in Deutschland) befindet, um sie zu sexuellen Handlungen oder Prostitution zu zwingen, ist strafbar. § 233: die Hilflosigkeit und Unwissenheit einer Person auszunutzen, um sie unter sklavenähnlichen Bedingungen arbeiten zu lassen und auszubeuten (wenig Geld, schlechte Unterkunft etc.), ist strafbar; auch Beihilfe und Versuch sind strafbar. Strafe: Freiheitsstrafe von 6 Monaten bis 10 Jahre; wird (schwere) körperliche Gewalt angewandt und/oder das Opfer ein Kind bzw. unter 21 Jahren und/oder der Täter Mitglied einer Bande ist, die Menschenhandel betreibt, fällt die Strafe entsprechend höher aus. § 233a StGB Förderung des Menschenhandels: Wer Beihilfe zu Menschenhandel leistet, indem er eine andere Person unter falschen Bedingungen anwirbt, weitergibt oder beherbergt, wird mit Freiheitsstrafe von 3 Monaten bis 5 Jahren bestraft. Bis zu 10 Jahre

werden, wenn sie der Polizei nicht sagen, von wem sie ausgebeutet werden. Das hatte auch die EU-Kommission vor Jahren erkannt: *„In viel zu wenigen Fällen gibt es für die Opfer Gerechtigkeit"*, sagte schon 2010 die damalige EU-Kommissarin für Inneres, Cecilia Malmström, zuständig für das Thema Zwangsprostitution[29]. Sie erklärte erneut im Jahr 2013 der Deutsche Welle: *„Die meisten Betroffenen (des Frauenhandels), rund 60 Prozent, stammen aus EU-Ländern, vor allem aus Rumänien und Bulgarien, gefolgt von Afrika und Südamerika."*[30] Doch auch Malmström gab 2013 vor der Presse zu: *„Was wir wissen, ist nur die Spitze des Eisberges."* Der EU-Studie zufolge hat die Zahl der Opfer zugenommen, die Zahl der Verurteilungen von Menschenhändlern ging aber zurück[31].

Das EU-Gesetz wurde bisher jedoch nur von Tschechien, Lettland, Finnland, Ungarn, Polen und Schweden umgesetzt. Die Frist zur Übertragung der Richtlinie in nationales Recht sei am 5. April 2013 abgelaufen. Deutschland habe sie verstreichen lassen, deshalb habe die EU-Kommission mit Sanktionen gedroht. In Deutschland werde noch über die Umsetzung gestritten. In einem Interview 2013 bei der Deutschen Welle kritisierte Hans-Peter Uhl, der damalige innenpolitische Sprecher der CDU/CSU-Bundestagsfraktion, die mangelhafte Umsetzung der Richtlinie. Für Uhl ginge diese nicht weit genug, „denn eine notwendige Verschärfung des Strafrechts im Falle von Menschenhandel zum Zweck der sexuellen Ausbeutung ist nicht vorgesehen."

Die Rekrutierung der Frauen und Mädchen zur Zwangsprostitution in Nigeria kann nur im Land selbst bekämpft werden. Wichtig wären vor allem Aufklärungskampagnen über die kriminellen Netzwerke der Prostitution und Ausbeutung. Hier sollten Menschenrechtsorganisationen, Frauenorganisationen und die Zivilgesellschaft in Europa und in Nigeria vor Ort eng zusammenarbeiten, um dem menschenverachtenden Vorgehen der Menschenhändler entgegen zu wirken. Diese Aufklärungsarbeit ist sehr wichtig, auch wenn sie schwierig scheint.

---

kann die Haft betragen, wenn das Opfer ein Kind bzw. unter 21 Jahren ist, (schwer) misshandelt wurde und/ oder der Täter Mitglied einer Bande ist, die Menschenhandel betreibt. § 180a StGB Ausbeutung einer Prostituierten und § 181a Zuhälterei:
Wenn jemand eine Prostituierte in seinem eigenen Betrieb ausbeutet, um sich selbst zu bereichern, ebenso werden Personen bestraft, die Personen unter 18 Jahren zur Ausübung von Prostitution eine Unterkunft gewähren oder sie sogar in der eigenen Unterkunft dazu zwingen
(…) wer eine Prostituierte ausbeutet und ihr vielleicht sogar alle Umstände zur Ausübung vorschreibt
Strafe: zwischen 6 Monaten bis 5 Jahre Haft oder hohe Geldstrafe.

29 Laut der damaligen *EU-Innenkommissarin* Cecilia Malmström, die sich auf eine im Jahr 2010 veröffentlichte EU-Studie bezieht. Diese Studie zeigt auch, dass die offizielle Zahl der Opfer von *Menschenhandel* zwischen 2008 und 2010 um 18 Prozent gestiegen war. *„Europa kommt im Kampf gegen den Menschenhandel nicht voran, die Zahl der Opfer von Zwangsprostitution und Zwangsarbeit ist in den vergangenen Jahren gestiegen"*, sagte sie.

30 http://www.dw.com/de/der-menschenhandel-in-der-eu-nimmt-zu/a-16745852.

31 Der Menschenhandel in der EU nimmt zu, www.dw.com 16.04.2013.

Die Geschichten der Frauen müssten anonym erzählt werden, denn in Nigeria haben Frauen große Angst, ihre Schweigepflicht zu brechen und von den Madames verfolgt zu werden. Jedes Land definiert Menschenhandel zudem anders und offizielle Daten lassen sich nur sehr schwer vergleichen. Schwierig ist der Kampf vor allem aber auch, weil sich das Geschäft mit Menschenhandel und Zwangsprostitution in hochkriminellen Strukturen abspielt.

Heldin gegen Massenflucht und Menschenhandel in der Geschichte Nigerias

Die wenig bekannte Geschichte Afrikas zeigt uns, dass einzelne Geschäftsfrauen und Landwirtinnen, die als natürlicher Garant des volkswirtschaftlichen Kreislaufs und Wachstums gelten, unersetzliche gesellschaftliche Akteure sind[32]. Heute wie früher ist die Mitwirkung der Frauen in mikro- und makroökonomischen Handelsgeschäften auf den Binnenmärkten in vielen afrikanischen Ländern von großer Bedeutung und lebenswichtig. Insbesondere werden Erziehungs-, Feld- und Gartenarbeit sowie landwirtschaftliche und textile Tätigkeiten vorwiegend von Frauen geleistet. Ihre Bemühungen werden jedoch ständig durch unnötige Lebensmittelimporte von Industriestaaten geschwächt. Trotzdem werden lokale Marktplätze meistens unter schwierigen Umständen immer von ihnen beherrscht. Die Afrikanerinnen sind in friedlichen Zeiten hervorragende Ökonominnen.

Rückblick in die Geschichte

Tinubu[33] war eine nigerianische Frau, die durch ihr Geschäft eine der mächtigsten Geschäftsfrauen und Sozialakteurinnen in Nigeria des 19. Jahrhunderts wurde, und die allein ein Beinahe-Monopol auf den Handel von Palmöl mit Großbritannien in der Zeit der industriellen Revolution besaß. Der Palmölexport mit den Engländern hatte zum Beispiel deutlich zum Rückgang des Menschenhandels in dieser westafrikanischen Region geführt. In der Tat hatte sich die westafrikanische Volkswirtschaft gegen die Verschleppung der Menschen in die Sklaverei durchgesetzt, und passte sich an die sich ändernden Bedürfnisse der westlichen industriellen Länder an. Der traditionelle Handel mit Agrar-Produkten und anderen wertvollen Ressourcen aus Afrika wie Gold, Diamanten, Kaut-

---

32 Sylvia Serbin, Edition SEPIA, 25 juin 2010.
33 In ihrem Buch: *Reines d'Afrique et héroïnes de la diaspora noire*, Edition SEPIA, 25 juin 2010. Die Autorin Sylvia Serbin beschreibt die authentische, aber wenig bekannte Geschichte Afrikas mit seinen Heldinnen von der Antike bis heute, die der bekannten Literatur über die Geschichte des afrikanischen Kontinents in vielerlei Hinsicht widerspricht.

schuk, Felle, Elfenbein, Öl oder Edelhölzer, wuchs ständig an. Auch der Handel mit landwirtschaftlichen Erzeugnissen wie Palmöl, Erdnüsse, Baumwolle, Tee, Kaffee, Kakao oder tropische Früchte gewann an Bedeutung. Die Arbeit der tüchtigen westafrikanischen Landwirtinnen machte diesen Handel erst möglich. Die Einfuhr von Pflanzenöl und Fetten aus den westafrikanischen Ländern verbesserten in Europa den Lebensstandard deutlich. Das Ausmaß des Verbrechens des Menschenhandels in Afrika nahm damals ständig ab. Der Wunsch der afrikanischen Landwirtinnen war, ihre Produkte in die internationale Wirtschaft integrieren zu können. Sie wurden als Schmiermittel für Maschinen verwendet und dienten als Rohstoffe für die Herstellung von Seifen, Kerzen, Margarine, Kosmetikmitteln und Ähnlichem.

In Nigeria hatte Tinubu damals einen großen Beitrag dazu geleistet. Sie besaß das größte Produktionsgeschäft für Palmöl in dieser Zeit. Die Exporte von Palmöl dieser afrikanischen Geschäftsfrau in Südost-Nigeria wurden über die Flüsse bis an die Küste gebracht. Vor der Kolonialzeit wuchs der Export von 2.000 Tonnen im Jahr 1840 auf mehr als 25.000 Tonnen im Jahr 1855 an. Diese wirtschaftliche Entwicklung führte zur Vermarktung der westafrikanischen landwirtschaftlichen Produkte und förderte neue soziale Gruppen. Es etablierten sich kleine Produzenten, Makler und andere Vermittler und es entstanden Arbeitsplätze für viele Frauen in der Region, die in der Verarbeitung von Baumwolle und Palmöl tätig waren. Alle – Europäer und Afrikaner – fanden gleichermaßen in dieser Handelsbeziehung, insbesondere in Tinubus Handelsgeschäften, eine Plattform für Import und Export zwischen Europa und Afrika.

In dieser Zeit entwickelten sich auch eine Marktwirtschaft und eine Interessensvertretung der beteiligten Produzenten. Seit dem Jahr 1846 – mit der Unterstützung des Königs von Lagos – hatten die wirtschaftlichen Aktivitäten Tinubus es ermöglicht, den afrikanischen Bauern in der Region eine starke Unterstützung anzubieten. In der Hauptstadt Lagos wirkte Tinubu als königliche Ratgeberin. Das Geschäft des Königs wurde an sie übertragen und sie wurde eine der Schlüsselfiguren im Palast. Diese Position nutzte sie aus als Sprungbrett, um eine außergewöhnliche Expansion der Wirtschaft zu erreichen und die britisch-westafrikanischen Handelszonen in Lagos und in der Region bis hinauf in den Norden des Landes erfolgreich auszubauen.

Auch die europäischen Geschäftsleute, die schon damals wenig Achtung für die Leistungen der Eingeborenen in den Kolonien hatten, zollten ihr Respekt, Anerkennung und nannten sie höflich *Madame* Tinubu. Ihr Quasi-Monopol im Exportgeschäft aus dem Verkauf von Palmöl nach Europa und dem Importgeschäft von Fertigwaren für die lokalen Märkte verschaffte ihr damals als Frau den Zugang zum internationalen Markt.

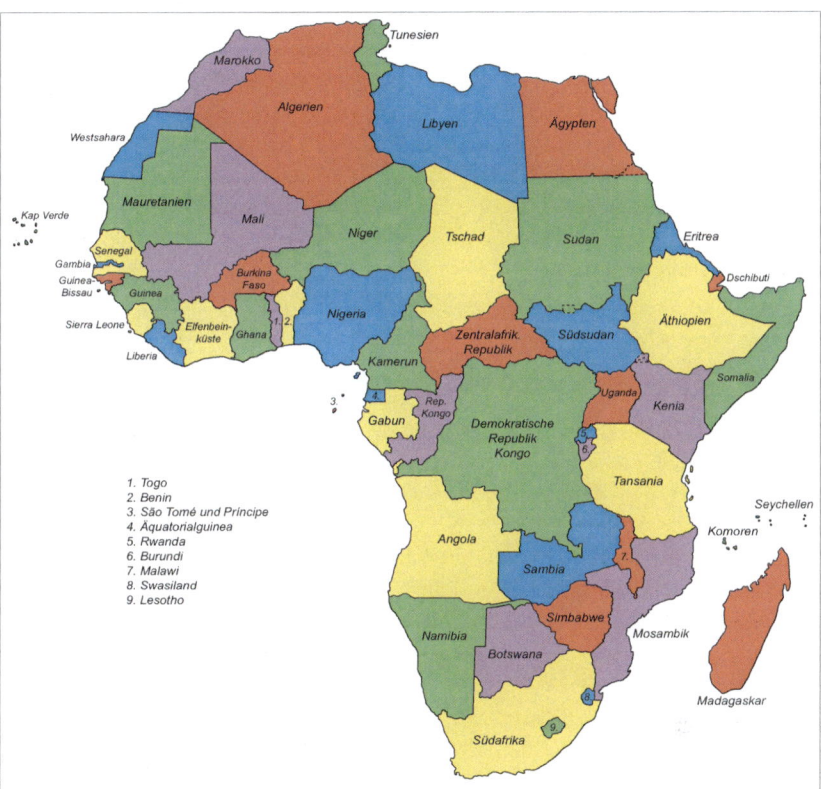

Abbildung 1: Karte Afrika (Quelle: stock.adobe.com)

Innerhalb von zwei Jahren befand sie sich im Herzen eines Vertriebsnetzes von mehreren Branchen, die sie in Kontakt mit den Lieferanten der westlichen europäischen Handelshäuser, den Verbänden der bäuerlichen Produzenten, Öl-Produzenten, lokalen Händlern sowie Straßenhändlern und kleinen und mittleren Unternehmen ihrer Heimatstadt brachte. Tinubu war verantwortlich für die Einfuhr der modernen Stoffe und andere aus Großbritannien importierte Produkte. Später in der Kolonialzeit bauten die Briten auf den englischen Siedlungen in Westafrika auf und übernahmen die Netzwerke vieler afrikanischer Handelsunternehmen. Während viele Kolonialmächte schon damals den Einsatz von blutigen militärischen Expeditionen favorisierten, um alles mit Gewalt an sich zu reißen, hatte Großbritannien sich zum Teil dafür entschieden, die westafrikanischen Bauern in Ghana und in Nigeria zu unterstützen und mit ihnen Handel zu treiben.

Diese Erinnerung an die Vergangenheit ist sehr wichtig, um über neue Impulse der Partnerschaft in den wirtschaftlichen Beziehungen der Post-Kolonialzeit zwischen afrikanischen und westlichen Ländern nachzudenken. Es müssen endlich Wege gefunden werden, um aus dem verwirrenden Kreislauf von Entwicklungshilfe, verfehlter Politik und Kriegswirtschaft herauszukommen, der für viele junge Afrikaner und Afrikanerinnen zu Gewalt und Armut, aber zu keiner Lebensperspektive führt. Sie glauben, nur durch massenhafte Flucht über Libyen entkommen zu können.

Opfer der *Revolution* in Libyen – Gastarbeiter und Schutzsuchende

Die Revolution und die daraus resultierende instabile Lage in Libyen hatten verheerende Folgen nicht nur für die Zivilbevölkerung des Landes, sondern vor allem für die große Zahl der afrikanischen Gastarbeiter. Im Jahr 2011 hatten westafrikanische Söldner in Libyen für Gaddafi und gegen die Rebellen gekämpft. Deshalb entlud und entlädt sich bis heute der Hass der Rebellen auch gegen afrikanische Gastarbeiter und ausländische Schutzsuchende. Die Revolution hat dazu beigetragen, dass kriminelle Netzwerke entstanden, die wesentlich zur Massenflucht nach Europa führen. Im ganzen Land kam es zu willkürlichen Massenfestnahmen und Übergriffen. *„Afrikanische Flüchtlinge und Gastarbeiter sind die Opfer der Revolution in Libyen: Sie werden von den Rebellen festgenommen und eingesperrt"*, berichtete Human Rights Watch (HRW) bereits 2012. Die Rebellen in Libyen waren entschlossen, der langjährigen Herrschaft Muammar Gaddafis mit internationaler Unterstützung gewaltsam ein Ende zu setzen. Weder die afrikanische Union noch die UNO waren in der Lage, Maßnahmen gegen willkürliche Gewalt gegen die afrikanischen Gastarbeiter und Schutzsuchende zu ergreifen und damit das einsetzende Flüchtlingsdrama zu verhindern.

Situation in libyschen Gefängnissen und Lagern

Seit dem Ausbruch des Krieges in Libyen werden schutzsuchende Afrikaner und Gastarbeiter in Libyen unter menschenverachtenden Bedingungen gefangen gehalten und gefoltert. Dies dokumentierte 2016 die Human Rights Watch (HRW) in ihrem Bericht. Schutzsuchende berichteten der Menschenrechtsorganisation, dass sie in den Gefängnissen ausgepeitscht oder mit Elektroschocks misshandelt wurden. Ich hatte noch ganz frisch die Geschichten in Erinnerung, die *Sulama*, eine junge Frau aus Eritrea, *Rita* aus Nigeria und *Abdi* aus Somalia während eines Beratungsgesprächs über die schweren Misshandlungen der Frauen in libyscher Gefangenschaft erzählt hatten. Sie berichteten, wie sie mit anderen Landsleuten in Libyen von der Polizei mitten auf der Straße aufgegriffen wurden und in Gefängnissen Schlägen und Erniedrigungen, sexuellen Übergriffen und Unterernährung ausgesetzt waren. Man habe ihnen ausschließlich trockenes Weißbrot zu essen und oft nur Salzwasser zu trinken gegeben, erzählten die jungen Frauen aus Ost- und Westafrika. *„Kaum eine der Frauen schafft es nach Libyen, ohne auf dem Weg von libyschen Soldaten und Schleppern vergewaltigt zu werden"*, sagte sie verbittert. *„Weibliche Flüchtlinge, ganz junge Mädchen, bleiben dann monatelang in deren Besitz, manchmal sogar Jahre"*, so *Sulama* weiter.

„Im Gefängnis in Tripolis, jedes Mal wenn ein Wärter den Raum betritt, vergewaltigt er eine Frau und zwingt sie zum Schweigen. Wenn wir reden, schlagen sie uns wieder, weil wir gesprochen haben", erzählten die jungen Frauen.

Auch Männer werden seit der Revolution in den libyschen Gefängnissen sehr schlecht behandelt. Tausende afrikanische Gastarbeiter und Schutzsuchender in Tripolis saßen wochen- und monatelang im Gefängnis. Bis zu 30 Mann in einer kleinen Zelle, sie bekamen kein Essen, nur salziges Wasser zu trinken.

„Die Rebellen haben uns zu Hause festgenommen oder auf der Straße auf dem Weg von der Schule. Wir waren Schüler und unsere Eltern Geschäftsleute und Gastarbeiter, keine Söldner", sagten Mike und Steve zu mir während des nächsten Beratungsgesprächs.

Die Hoffnung vieler afrikanischer Gastarbeiter endete damals in eigens für sie errichteten Internierungslagern, wo die Menschenwürde nicht viel zählte. Menschenrechtsorganisationen wie Amnesty International (AI) und Human Rights Watch (HRW) berichten seit 2011, dass die Betroffenen oft monatelang ohne Kontakt zu Familienangehörigen, Rechtsbeiständen oder Richtern in solchen improvisierten Haftzentren festgehalten werden. Sie können weder Widerspruch gegen ihre Inhaftierung einlegen, noch Schutzansprüche geltend machen, da in Libyen keine staatlichen Strukturen und keine Justiz vorhanden sind. Schutzsuchende werden entweder gezwungen, in Boote zu steigen, die sie nach Europa bringen, oder nicht selten in der Wüste ausgesetzt. Ehemalige Häftlinge, aber auch auf offener Straße festgenommene Staatsangehörige anderer Länder, erklärten, sie seien in Libyen von den Wärtern jeden Tag mit Holzstöcken, Gummischläuchen, Kabeln und Gewehrkolben geschlagen und mit Elektroschocks misshandelt worden. Ein 54-jähriger senegalesischer Gastarbeiter aus Libyen berichtete mir in der Beratung:

„Ich hatte gar nicht vor, nach Europa zu reisen. Ich habe 15 Jahre lang in Libyen als Mechaniker und Autolackierer gearbeitet. Ich hatte meine eigene Werkstatt in Tripolis. Ich verdiente genug Geld und ich konnte meine Familie besuchen. Alles war gut. Als in Libyen Frieden und Wohlstand herrschten, kamen Menschen aus ganz Afrika nach Libyen, auch viele Araber und Asiaten, vor allem seit Anfang der 90er-Jahre, um dort zu arbeiten. Jetzt geht das nicht mehr. Gastarbeiter gab es in den 70er- und in den 80er-Jahren auch im Kongo, in der Elfenbeinküste oder in Nigeria. Dort konnte man gut leben und viel Geld verdienen. Jetzt geht das nicht mehr, weil diese einst reichsten Länder Afrikas sich im Kriegszustand oder unter repressiven und sehr korrupten Regierungen befinden. Diese blutigen Kriege verbergen meistens große internationale Geschäfte und enormen Profit für multinationale Firmen, die die wertvollen Ressourcen dieser afrikanischen Länder plündern und die Afrikaner in die Flucht jagen. Deswegen haben viele Menschen aus Afrika diese Probleme. Sie müssen auch jetzt aus Libyen weggehen, weil es keine Möglichkeit gibt, in Libyen zu bleiben. Libyen ist für uns ein Gefangenenlager geworden. Alle ausländischen Botschaften sind geschlossen. Wir kriegen keine Papiere mehr, wir kommen nicht weg. Nur mit Geld. Sie machen Jagd auf Afrikaner. Mir haben sie das Bein zertrümmert und es heilte nicht mehr. Ich hatte umgerechnet 10.000 Euro zahlen müssen, um über die Grenze nach Tunesien und in ein Krankenhaus zu kommen. Mein Kopf war schon ganz verdreht, so viel hatte ich gegrübelt. Und irgendwann dachte ich: Wenn ich ins Wasser gehe und sterbe, dann ist es Gott, der mich getötet hat. Wenn ich überlebe, hat Gott mich gerettet. Vor neun Monaten bin ich los. Mein Bein heilt jetzt. Aber ich kann kein Geld nach Hause schicken, ich darf nicht arbeiten. Meine Familie ist jetzt arm geworden."

Arbeitsmigranten und Asylsuchende aus Ländern südlich der Sahara wurden von den neuen starken Männern in der Hauptstadt Tripolis wahllos verdächtigt, Gaddafis Herrschaft unterstützt zu haben. *Human Rights Watch* konnte belegen, wie Afrikaner in improvisierten Gefängnissen zusammengepfercht wurden[34].

---

34 Human Rights Watch beschreibt diese Gräueltaten der libyschen Rebellen ausführlich in seinen Berichten seit 2011. Sehr wenig wurde dagegen unternommen. Die Misshandlungen werden bis heute ohne Konsequenzen für die Täter fortgesetzt.

Libyen, ein Folterlager

Libyen versinkt seit dem Wiederaufflammen der Kämpfe 2013 in Gewalt und Gesetzlosigkeit. Trotzdem machten sich Hunderttausende Schutzsuchende und Migranten durch Schleppernetzwerke, vor allem aus Subsahara-Afrika, auf den Weg dorthin, um Krieg, Verfolgung oder extremer Armut in ihrer Heimat Eritrea, Äthiopien, Gambia, Nigeria oder Somalia zu entkommen. Damals wussten viele von ihnen noch nichts vom Bürgerkrieg in Libyen. Wegen der chaotischen Lage in Libyen wurden sie oft gekidnappt, erpresst, dann gezwungen, es irgendwie nach Europa zu schaffen. Andere lebten schon seit Jahren in Libyen, waren aber durch die Regierung nicht mehr geschützt und wollten der ständigen Gefahr, von lokalen Banden oder der Polizei angehalten, zusammengeschlagen, umgebracht oder ausgeraubt zu werden, entkommen. Sie wurden von den Schlepperbanden erpresst und zum Zielland Italien verschifft. Die Schutzsuchenden setzten ihren Marsch nach Europa, nach Deutschland und andere EU-Länder fort, wo sie hofften, Arbeit zu finden und Geld verdienen zu können.

Ärzte ohne Grenzen, im Einsatz mit ihrem Rettungsschiff „Bourbon Argos", berichteten im Mai 2016:

> *„Die Körper der Flüchtlinge aus Libyen sind oft übersät mit Fleischwunden, Prellungen, Hautabschürfungen und Narben. Die Menschen berichten, dass sie auf offener Straße mit Eisenstangen verprügelt und gekidnappt wurden. Halb verhungert und verdurstet werden sie monatelang festgehalten und erpresst. Mit Geld können sie sich freikaufen. Die selbst ernannten Soldaten, die den Transport der Migranten abwickeln und von denen man nicht genau weiß, wer sie sind und wem sie gehorchen, wollen die Menschen mürbe und gefügig machen. Sie schießen willkürlich in eine Gruppe."*

Human Rights Watch (HWR) hatte nach eigenen Angaben 2015 neun von insgesamt 19 Migrantengefängnisse in Libyen besucht und 138 Flüchtlinge befragt. Davon hätten mehr als hundert bezeugt, Opfer von Folter und Misshandlungen geworden zu sein. Die Überfüllung der Lager und die hygienischen Zustände bezeichnet HRW als „katastrophal". Toiletten seien verstopft, liefen über und verseuchten die Räume, in denen sich die Gefangenen drängen. Flüchtlinge erleiden in Libyen schlimmste Folter, sie hätten trotz der zum Teil langen Inhaftierungen keine Chance auf rechtlichen Beistand. Nach Berichten von HRW seien auch Minderjährige und Kinder unter den Opfern. Frauen und Mädchen hätten beklagt, sie seien erniedrigenden und obszönen Leibesvisitationen unterzogen worden, bei denen männliche Wachen auch Körperöffnungen untersucht hätten.

Ein junger Mann aus dem Senegal berichtete in der Beratung:

„In Tripolis habe ich als Maler und Maurer gearbeitet. Eines Tages wurde ich festgenommen. Das Gefängnis war schrecklich. Wir durften nie raus. Es gab fast nichts zu essen. Manchmal banden sie uns Hände und Füße aneinander und ließen uns stundenlang so liegen. Sie haben mir die Zähne ausgeschlagen. Es starben auch viele Häftlinge an Folter und Unterernährung. Nach etwa zwei Monaten holten sie mich aus der Zelle. Mir ging es sehr schlecht. Sie brachten mich auf ein Schlauchboot. Ich habe mich die ganze Zeit übergeben, ich wusste nicht, ob ich seekrank war oder ob das die Folgen der Schläge waren. Heute glaube ich, die Gefängniswärter wollten mich loswerden, weil ich sowieso fast tot war.“

Weil die EU den Grenzschutz im östlichen Mittelmeer verstärkt hat, wählen Schutzsuchende aus Afrika und Asien zunehmend wieder die Route von Libyen nach Italien. Die schwachen bis nicht vorhandenen staatlichen Strukturen in Libyen tragen dazu bei, dass diese Fluchtroute immer mehr an Bedeutung gewinnt.

„Die politische Situation in Libyen ist zwar schwierig, dennoch gibt es keine Rechtfertigung für Folter und andere Gewaltanwendung durch das Wachpersonal in diesen Auffanglagern“, sagt Gerry Simpson, Flüchtlingsexperte bei Human Rights Watch. Im Oktober 2013 dokumentierte Amnesty International[35] den Untergang eines Kutters, der beim Verlassen der libyschen Hoheitsgewässer von einem nicht identifizierten libyschen Boot beschossen wurde. Der beschädigte Kutter lief voll, sank und riss 200 Männer, Frauen und Kinder mit in den Tod. Einige der Überlebenden gaben an, die Schüsse seien von der libyschen Küstenwache abgefeuert worden. Die Ergebnisse einer Untersuchung dieses Vorfalls wurden bislang nicht veröffentlicht.

Der 23-jährige *Aahmar* aus Eritrea erzählte mir in der Beratung, was geschah, als das für nur 50 Personen ausgelegte, mit 120 Menschen heillos überladene Boot im Januar 2013 von der libyschen Küstenwache aufgebracht wurde:

„Wir mussten alle aussteigen und wurden mit Gummischläuchen und Holzstöcken geschlagen (…) Dann schossen sie einem Mann in den Fuß. Er war der letzte, der aus dem Boot stieg, und sie fragten ihn, wo derjenige sei, der das

---

35 Amnesty International beschreibt diese tragischen Fälle in seinem Bericht über die Lage der Flüchtlinge in Libyen im Jahr 2013.

Boot gesteuert hat, und als er sagte, dass er es nicht wisse, sagten sie: ,Dann warst du es!', und haben auf ihn geschossen ", beschreibt *Aahmar*.

Angesichts der Zustände in den libyschen Auffanglagern drängen Human Rights Watch und Amnesty International seit 2016 die Europäische Union nun, die Kooperation mit dem libyschen Innenministerium auszusetzen.

Magdalena Mughrabi, Interimsvizedirektorin der Nahost- und Nordafrika-Abteilung von Amnesty International, sagte dazu im Mai 2016:

> *„Europa sollte sich die Idee einer Migrations-Kooperation mit Libyen aus dem Kopf schlagen, solange dies direkt oder indirekt zu solch schockierenden Menschenrechtsverletzungen führt. "*

Viele Beobachter sind allerdings der Meinung, Amnesty International (A.I) und Human Rights Watch (HRW) sollten ebenso die afrikanischen Staaten und die Afrikanische Union (UA) mehr unter Druck setzen, ihre Verantwortung zu übernehmen und die Fluchtursachen in den afrikanische Ländern zu bekämpfen.

Nachdem im Oktober 2013 Hunderte Flüchtlinge beim Versuch, nach Italien zu gelangen, vor der Insel Lampedusa ertrunken waren, startete Italien die großangelegte Operation „Mare Nostrum", mit der die Marine 130.000 Flüchtlinge aus Seenot rettete. Der damals in Rom regierende Ministerpräsident Matteo Renzi begründete die Einführung der Operation damit, dass ein zivilisierter Kontinent das Massensterben im Mittelmeer nicht länger zulassen dürfe. Die Operation „Mare Nostrum" wurde 2014 durch eine weit weniger effiziente Maßnahme der EU-Grenzschutzagentur Frontex ersetzt.

Im Mai 2016 sprach Amnesty International auf Sizilien und in Apulien mit Augenzeugen: Sie berichteten von schockierenden Menschenrechtsverstößen der libyschen Küstenwache und in den Haftzentren für Schutzsuchende und Migranten aus Afrika[36].

Amnesty International sprach mit 90 Personen, die die gefährliche Bootsfahrt nach Italien überlebt hatten. Mindestens 70 Flüchtlinge und Migranten berichteten von Schüssen und von Schlägen, als sie von der libyschen Küstenwache

---

36 Die Berichte von Amnesty International vom Mai 2016 ähneln zum großen Teil denen von Flüchtlingen, die wir bei der Caritas in der Aufnahmeeinrichtung betreuen. Die meisten sind wohl Überlende dieses Fluchtdramas in Libyen und am Mittelmeer.

aufgegriffen wurden und von qualvoller Folter und anderen Misshandlungen in den Haftzentren. In einem Fall sollen Angehörige der Küstenwache ein Boot, dessen Motor defekt war, mit rund 120 Menschen an Bord einfach sich selbst überlassen haben, so HRW. Ein kamerunischer Mitarbeiter von Amnesty International berichtete im Mai 2016 in Palermo:

> *„Die Menschen, die gerade aus Libyen gekommen sind, haben Wunden in der Seele. Sie kriegen kaum ein Wort heraus. Die libyschen Schlepper arbeiten mit Leuten in Somalia, im Tschad, in Nigeria, im Sudan, in Eritrea und in Niger zusammen. Sie versprechen den Migranten Jobs. Sobald sie jedoch die Grenze überquert haben, werden sie eingesperrt und erpresst. Man muss zahlen, um weiterzukommen. Dann werden sie wieder eingesperrt und müssen sich freikaufen. Die EU will enger mit der libyschen Küstenwache zusammenarbeiten. Aber wenn diese die Menschen zurück an Land bringt, kommen sie in miserable Lager. Das Land ist eine Falle."*

Nach Schätzung des UN-Hochkommissariats für Flüchtlinge im Juni 2016 haben allein in den ersten fünf Monaten des Jahres 2016 mehr als 2.100 Menschen auf der gefährlichen Überfahrt nach Italien ihr Leben verloren.[37] Mehr als 49.000 haben es nach Europa geschafft – praktisch alle wurden von europäischen Marineschiffen, von Schiffen von Nicht-Regierungsorganisationen oder Handelsschiffen aus Seenot gerettet. Zwischen dem 22. und 28. Mai 2016 wurden mindestens 3.500 Menschen von der libyschen Küstenwache aufgegriffen und in Haftzentren gebracht. Laut offiziellen Angaben der libyschen Küstenwache werden auf dem Mittelmeer aufgegriffene Flüchtlinge sowie Migrantinnen und Migranten grundsätzlich in Haftzentren gebracht. Ein junger Westafrikaner berichtete:

> *„In Libyen wirst du geschnappt und direkt an Banditen übergeben. Dann sagen sie: Du gibst mir tausend Dollars, oder ich bringe dich um. Du musst deine Eltern anrufen, und während du mit ihnen am Telefon sprichst, verprügeln sie dich. Dann kratzen deine Eltern irgendwie Geld zusammen und schicken es, als Überweisung mit Western Union. So machen sie das. Ich habe auch gesehen, wie einer nach den Schlägen gestorben ist. Der konnte kein Geld mehr auftreiben."*

---

37 Mediterranean migrant arrivals reach 115, 109 in 2017; 2,397 Deaths Geneva-IOM, the UN Migration Agency report, 08/04/2017:
http://missingmigrants.iom.int/mediterranean-migrant-arrivals-reach-115109-2017-2397-deaths.

Seit 2011 hat Amnesty International die Aussagen zahlloser Männer, Frauen und unbegleiteter Minderjähriger dokumentiert, die in solchen Zentren in Libyen inhaftiert waren und von schrecklichen Zuständen, Gewalt und sexuellem Missbrauch berichteten. Die jüngsten Berichte von 2016 machen deutlich, dass die Menschenrechtsverstöße unvermindert andauern.

Die von Amnesty International in den letzten drei Jahren gesammelten Zeugenaussagen belegen und entsprechen genau dem, was ich von den Schutzsuchenden während der Asylsozialberatung in unserem Caritas-Büro in der Aufnahmeeinrichtung am Fliegerhorst immer wieder erfahren habe. Häftlinge in Libyen haben nur drei Möglichkeiten: übers Meer fliehen, sich freikaufen oder an Menschenschleuser als Gefangene beziehungsweise als Zwangsarbeiter ausgeliefert zu werden. Viele müssen unbezahlte Zwangsarbeit leisten, andere werden erpresst. Sie müssen in den Haftzentren arbeiten oder werden an Libyer, die die Wachen bezahlt haben, übergeben. Viele Schutzsuchende in der Aufnahmeeinrichtung, unter anderem Jungen aus Eritrea, Mali, Sierra Leone, Senegal, Somalia und Nigeria haben von diesen gravierenden Vorfällen in den Beratungen berichtet.

Religiöse Spannungen in Haftzentren in Libyen

Internationale Organisationen berichten auch über religiöse Diskriminierung in den Flüchtlingsgefängnissen in Libyen. HRW berichtet, Christen seien in den libyschen Haftzentren in besonderer Gefahr, misshandelt zu werden, wie es der 26-jährige Eritreer Omari, der in al-Zawiya in Haft saß, schilderte: *„Sie hassen Christen. Wenn sie herausfinden, dass man Christ ist, kann man nur noch auf Gottes Hilfe hoffen. ... Wenn sie ein Kreuz oder ein religiöses Symbol entdecken, prügeln sie noch heftiger. Ich hatte alle christlichen Symbole beiseitegelegt. "*

Diese Ereignisse werden oft in den Beratungen geschildert. Schutzsuchende wurden in Libyen wegen ihres christlichen Glaubens besonders misshandelt oder, noch schlimmer, von den Rebellen umgebracht. Ein anderer Häftling aus Nigeria berichtete fast dasselbe. Im Haftzentrum von Misratah erfolge die Unterbringung der Männer nach Religion getrennt und die Wärter prügelten auf die Christen ein:

„Zuerst habe ich erklärt, ich würde meine Religion nicht ändern, auch wenn ich in einem islamischen Land bin. Da holten sie mich aus der Zelle und schlugen auf mich ein. Beim nächsten Mal log ich und sagte, ich wäre ein Muslim. " Die islamischen Männer als „Moslem-Brüder" werden etwas besser behandelt als christliche Afrikaner, schrieb HRW in seinem Bericht 2015.

Dario Terenzi, Psychologe in den Aufnahmelagern für Flüchtlinge auf Sizilien, berichtete 2016 beim HRW:

„Alle afrikanischen Patienten aus Libyen haben Missbrauch erlebt. Inhaftierung, physische und psychische Misshandlung, Männer wie Frauen. Die Frauen sind oft von Banden junger Männer vergewaltigt worden. Wir sehen Verletzungen durch Schusswaffen und Spuren wiederholter Folter. Die Menschen dürfen nicht arbeiten. Sie fühlen sich wie in einer Falle. Das seelische Leid ist so groß, dass es somatische Störungen auslöst: Schmerzen am ganzen Körper, heftige Migräne, Schlafstörungen, Depressionen, Angstzustände und die Fixierung auf einen einzigen Gedanken, der in Endlosschleife kreist: der Gedanke immer Flüchtling zu sein – ein Leben lang.“

Weiteres Beispiel für Menschenrechtsverletzungen in Libyen

Der *Stern* sprach im April 2017 auf Sizilien mit jenen, die die Flucht nach Europa überlebt hatten. Diese Berichte des Grauens von Menschen, die aus Libyen über das Meer geflohen waren, wurden im *Stern* aufgezeichnet. Minderjährige, verletzt oder schwanger, waren mit dem Schrecken davongekommen. Augenzeugen berichteten aus einem Land, in dem Menschenleben zu Gewaltobjekten geworden sind. *Die Welt am Sonntag* berichtete im Januar 2017, dass deutsche Diplomaten in einem internen Lagebericht allerschwerste Menschenrechtsverletzungen in sogenannten libyschen Privatgefängnissen geschildert hatten, wo Schlepper ausreisewillige Migranten gefangen hielten. Exekutionen von nicht zahlungsfähigen Migranten, Folter, Vergewaltigungen, Erpressungen sowie Aussetzungen in der Wüste seien dort an der Tagesordnung, zitierte *Die Welt am Sonntag* aus einer diplomatischen Korrespondenz der deutschen Botschaft in Niamey an das Bundeskanzleramt und an mehrere Ministerien. *„Vor ihnen liegt das Meer. Hinter ihnen Libyen. Ein Land wie aus einem Mad Max-Film: bewaffnete Milizen, Folter, Menschenhandel"*, so der Lagebericht in *Die Welt am Sonntag* von Januar 2017. Nach Angaben der IOM (Internationale Organisation für Migration) sind zwischen Anfang Januar und Anfang März 2017 bereits 521 Flüchtlinge auf dem Mittelmeer umgekommen.[38]

In der gleichen Zeit seien 20.000 Menschen an der europäischen Küste angekommen. Berichte, dass Schlepper Flüchtlinge mit Gewalt auf seeuntaugliche

---

[38] News desk 08/04/17 Geneva – IOM, the UN Migration Agency report. http://missingmigrants.iom.int/mediterranean-migrant-arrivals-reach-115109-2017-2397-deaths.

Schiffe zwingen sowie über grausame Misshandlungen und Folter gab es bereits mehrfach. Die EU-Grenzschutzagentur Frontex kritisierte 2016 Nichtregierungsorganisationen dafür, mit ihren Aktionen den Schleusern ungewollt zu helfen.

„Wir müssen verhindern, dass wir die Geschäfte der kriminellen Netzwerke und Schlepper in Libyen nicht noch dadurch unterstützen, dass die Migranten immer näher an der libyschen Küste von europäischen Schiffen aufgenommen werden", sagte Frontex-Chef Fabrice Leggeri im April 2016 vor der internationalen Presse. Dies führe dazu, dass Schleuser noch mehr Migranten auf seeuntüchtige Boote zwängten. Die Rettungseinsätze vor Libyen sollten daher überprüft werden.

Kooperation mit dem Unrechtsstaat Libyen?

Libyen ist ein wichtiger Transitstaat für Flüchtlinge geworden. Schleuser können wegen der zerstrittenen Regierung, die die Landesgrenzen kaum sichern kann, vergleichsweise frei agieren. Jedes Jahr sterben Hunderte Flüchtlinge auf der Überfahrt nach Europa, weil sie von Schleusern in seeuntüchtige Boote gesetzt werden. Deshalb will die EU künftig enger mit den Behörden in Libyen zusammenarbeiten, um die Zahl der Migranten, die übers Mittelmeer kommen, einzudämmen.

Etwa 200.000 Menschen aus Afrika erreichen jedes Jahr die italienische Küste. Sie sollen nach Libyen zurückgeschickt werden. Völlig unklar ist jedoch, wie Europa in Libyen Menschenrechtsstandards, medizinische Versorgung und Ernährung der entkräfteten Flüchtlinge sichern will. Wegen der Kämpfe wagte sich kaum eine Hilfsorganisation in das Land. Nach vorläufigen Angaben von Frontex sind im Jahr 2017 an den EU-Außengrenzen insgesamt 204.300 versuchte Grenzübertritte festgestellt worden. Das seien etwa 60 Prozent weniger als im Jahr zuvor, teilte Frontex mit und wies darauf hin, dass die Zahl der illegalen Übertritte nicht mit der Zahl der Flüchtlinge übereinstimmen müsse, da eine Person auch mehrfach versucht haben könnte, in die EU zu kommen.[39]

---

39 Migratory flows in 2017 – Pressure eased on Italy and Greece; Spain saw record numbers, Risk Analysis for 2018, Frontex Pressroom, 05.01.2018. https://frontex.europa.eu/media-centre/news-release/frontex-publishes-risk-analysis-for-2017-CpJiC8; https://data.europa.eu/euodp/de/data/dataset/ra-2018.

5 Ursachen der Fluchtbewegungen

Schutzsuchende verlassen ihre Heimatländer aus vielfältigen Gründen[40]. Die meisten Geflüchteten in der Aufnahmeeinrichtung am Fliegerhorst in Fürstenfeldbruck sind nicht direkt politisch verfolgt worden, sondern haben ihre Lebensräume und Lebensgrundlagen verloren, zerstört durch Kriegsökonomie, Bürgerkrieg, religiöse Konflikte und Verfolgung der Minderheiten, Vertreibung, Ungerechtigkeit oder eine Umweltkatastrophe. Diese Vielfalt an Fluchtursachen stellt eine große Herausforderung dar, den geflüchteten Menschen adäquat zu helfen. Der Krieg von Bewaffneten und Mächtigen gegen die eigene Bevölkerung spiegelt sich in vielen Gesichtern der Geflüchteten.

Hauptursachen der Massenflucht

Zu den Hauptursachen von Flucht zählen internationale Kriege und politische Konflikte, die um die wirtschaftlichen Ressourcen als Folge einer immer stärker ineinander greifenden Weltwirtschaft, häufig kurz *Globalisierung* genannt, oder aus religiösen Gründen geführt werden. Aber auch Bürgerkriege, ethnische Verfolgung, staatliche Repression durch korrupte und kriminelle Regierungsführungen, Menschenrechtsverletzungen sowie Naturkatastrophen und ihre Folgen, die Auswirkungen des Klimawandels, Armut, Hunger und dauerhafte Perspektivlosigkeit zwingen Menschen dazu, ihre Heimat zu verlassen. Von diesen hauptsächlichen Ursachen von Flucht muss der Krieg in Syrien ausgenommen werden. Mag der Ausbruch des Kriegs noch mit dem „Arabischen Frühling" erklärt worden sein, sind inzwischen die Akteure ebenso undurchschaubar wie die Interessen der Unterstützerländer des Regimes von Baschar al Assad.

---

40 Aus diesen vielfältigen Gründen flohen der Studie des in Genf ansässigen Beobachtungszentrums für Binnenvertriebene zufolge 19,2 Millionen Menschen im Jahr 2015 in andere Landesteile. Allein durch die Erdbeben in Nepal waren 2,6 Millionen Menschen zum Verlassen der Heimat gezwungen. Es habe zwar in einigen Ländern Verbesserungen gegeben, was den Schutz vor Naturkatastrophen wie Überschwemmungen, Trockenheit oder Erdbeben angeht. Insbesondere in Asien und Teilen von Südamerika sowie Ost- und Westafrika seien die Staaten jedoch noch immer schlecht auf die Herausforderungen des Klimawandels vorbereitet. Zur Massenflucht kommt es in der Regel dann, wenn mehrere dieser Ursachen zusammenkommen.

Das Wort „Globalisierung" wurde ab Mitte des 20. Jahrhunderts verwendet, um insbesondere den erheblichen Anstieg des weltweiten Warenhandels zu beschreiben. Es setzte sich aber vor allem nach 1990 im allgemeinen Sprachgebrauch durch, um weltweite Beziehungen zwischen Gesellschaften, Institutionen und Ländern zu beschreiben. Grund dafür waren vor allem zwei einschneidende Ereignisse: Zum einen der Zusammenbruch der Sowjetunion im Jahr 1990, zum anderen die Entwicklung der „neuen Medien" wie Internet und Mobiltelefone[41]. Ein wichtiger Begriff, wenn man über Globalisierung spricht, ist der „Freihandel". Freier Handel bedeutet, dass Waren ohne Einschränkungen von einem Land in ein anderes verkauft werden dürfen. Vorteile durch die wirtschaftliche Entwicklung der Globalisierung haben insbesondere Industrieländer. Sie können internationalen Handel betreiben und haben bessere Möglichkeiten, ihre Produkte zu verkaufen. Dadurch werden sie wirtschaftlich noch mächtiger und vergrößern ihren Wohlstand.

Die Globalisierung bringt aber viele Probleme mit sich und weltweite Missstände nehmen sogar zu: Durch Übernahmen und Zusammenschlüsse von Firmen sind mittlerweile einige riesige, meist internationale Konzerne[42] entstanden, die immer mächtiger werden und einen großen Einfluss auf die gesellschaftlichen, wirtschaftlichen und staatlichen Institutionen weltweit haben. Diese riesigen Firmen handeln vor allem nach der Maxime der Gewinnmaximierung und gehen dabei zum Teil sehr gewaltsam und rücksichtslos vor. Immer wieder versuchen sie in den weniger entwickelten Ländern, Maßnahmen zum Umweltschutz und zum Schutz der Rechtsstaatlichkeit zu umgehen.

Die afrikanischen Länder sind von den Folgen der Globalisierung am meisten betroffen. Sie besitzen die vielen Rohstoffe, die die Industrienationen dringend für ihre hochindustrialisierten Produkte brauchen. Ein „unfairer Handel" ent-

---

41 Nach dem Ende des „Kalten Krieges", der die Welt zuvor in die kapitalistischen Gesellschaftssysteme des Westens und die kommunistischen Staaten des „Ostblocks" gespalten hatte, öffnete sich die Welt zudem stärker für globale Handelsbeziehungen und Kommunikation in vielfältigen Sektoren.

42 Immer wieder ist in der Wirtschaft von großen Konzernen die Rede. Oft meint man mit Konzernen einfach größere Unternehmen im Allgemeinen. In der Wirtschaft spricht man aber genau genommen erst dann von einem Konzern, wenn sich mehrere Firmen oder große Betriebe zusammenschließen und eine gemeinsame Leitung haben. Ein Konzern muss dabei nicht nur Standorte in einem Land haben, sondern diese können über die ganze Welt verteilt sein. Es handelt sich dann um einen „multinationalen" Konzern. Multinationale Konzerne sind in unserer globalisierten Welt immer häufiger anzutreffen und können dabei viele Vorteile für sich nutzen. So werden Ressourcen in instabilen Ländern gewaltsam ausgebeutet, oder die Produkte in den Ländern hergestellt, in denen die Löhne zum Beispiel niedrig sind oder die Bestimmungen zum Umweltschutz lockerer, aber weltweit mit guten Gewinnen verkauft. Kritisiert wird an dieser Entwicklung, dass solche „Konzern-Riesen" zu viel Macht besitzen, für sich Vorteile auf Kosten von ausgebeuteten Ländern und der Umwelt herausschlagen und kleinere Unternehmen immer schlechtere Chancen auf dem freien Markt haben. So entsteht bittere Armut in den betroffenen Ländern.

steht gerade in Afrika häufig durch das Zusammenwirken von multinationalen Konzernen und korrupten Regierungen. Das heißt, die Menschen in betroffenen Ländern arbeiten unter sehr schlechten Bedingungen und zu Löhnen, von denen sie nicht leben können. Die Gewinne fließen nicht in die Entwicklung des Landes, in die Infrastruktur, das Bildungs- oder Gesundheitswesen, sondern werden zum einen Teil von den Konzernen abgeschöpft, zum anderen Teil fließen sie in die Taschen der massiv korrupten Regierenden. So entstehen repressive Regierungsführungen, eine regelrechte Kriegsökonomie, die Vertreibung, Armut und Massenflucht zur Folge hat. In diesem Kapitel werden die beiden afrikanischen Länder Kongo und Eritrea als Beispiele beschrieben.

Missachtung internationaler Rechte und Konventionen zum Schutz der Zivilbevölkerung vor militärischen Konflikten

Das Völkerrecht kennt verschiedene Instrumente, die zum Schutz der Zivilbevölkerung in bewaffneten Konflikten einen rechtlichen Rahmen bieten, allerdings werden diese internationalen Normen in vielen Regionen der Welt massiv missachtet. Dazu gehören:

- Das humanitäre Völkerrecht, insbesondere die VI. Genfer Konvention von 1949 und die zwei Zusatzprotokolle von 1977 erklären, dass das humanitäre Völkerrecht Bestimmungen zur Beschränkung der Kriegsmethoden und -mittel enthält und klar zwischen Zivilisten und Kämpfern trennt. Es schützt jene Personen, die nicht oder nicht mehr an den Feindseligkeiten teilnehmen.
- Die Genfer Flüchtlingskonvention von 1951 ergänzt das Völkerrecht für geflüchtete Menschen: Wer aufgrund von Konflikten im eigenen Land und damit verbundenen Verfolgungen in ein Drittland flüchten muss, erhält einen rechtlichen Status und Schutz.
- Zahlreiche Rechtsnormen und spezifische Aktionspläne sind nach dem Zweiten Weltkrieg von der UNO verabschiedet worden und durch die UN-Charta in Kraft getreten. Sie wurden zum Schutz von Mitgliedsstaaten, besonders verletzlicher Gruppen wie Frauen, Kinder oder intern Vertriebene ausgearbeitet.
- Grundrechte auf Leben und das Folterverbot werden auch in bewaffneten Konflikten nicht aufgehoben. Es handelt sich hier um Rechte, die auch in Konfliktsituationen ihre Gültigkeit nicht verlieren.
- Der auf dem Römischen Statut von 1998 begründete Internationale Strafgerichtshof ermöglicht es den Vereinten Nationen, gegen die weitgehende Straflosigkeit von internationalen Verbrechen vorzugehen. Darunter fallen Kriegsverbrechen und Verbrechen gegen die Menschlichkeit.

In vielen Ländern, insbesondere in Afrika, finden diese internationalen Normen keine wirksame Anwendung.

Das Versagen der Völkergemeinschaft – Der Fall Kongo

Die UN scheint von ihren eigenen Normen und Gesetzen überfordert und Einigungen scheitern an den gegensätzlichen Interessen und dem Einfluss der Vetomächte im Sicherheitsrat. In manchen Regionen der Welt, in dieser Zeit insbesondere im Kongo und in Syrien, sind keine Lösungen in Sicht. Schutzsuchende aus diesen Ländern berichten über außergewöhnlich grauenvolle Erlebnisse und es ist für keinen vernünftigen Menschen nachvollziehbar, dass die Verursacher der Gräueltaten nicht bestraft werden.

Ursache andauernder Fluchtbewegung im Kongo

Anfang Mai 2016, während der Beratung, klingelte das Telefon bei mir, eine meiner Kolleginnen war am Apparat und fragte, ob sie zwei französisch sprechende Schutzsuchende zu mir schicken könnte. Ich bat die beiden jungen Männer im Flur zu warten, bis ich die Beratung beginnen könnte. Die Kollegin übergab mir die Yellow Cards (Ausweisdokumente der Aufnahmeeinrichtung) der beiden Afrikaner. Ich warf schnell einen Blick auf die Yellow Cards und sah ihre kongolesischen Namen.

Es war das erste Mal, seit ich in der Aufnahmeeinrichtung tätig bin, dass mir Kongolesen in der Beratung begegneten. Denn die meisten Schutzsuchenden aus dem Kongo suchen in afrikanischen Ländern oder in Frankreich, Holland, Belgien, Großbritannien, USA und Kanada Asyl. In diesen Gastländern haben sich seit Mitte der 1990er-Jahre, nach dem Ausbruch des ersten Krieges im Kongo 1996, große kongolesische Gemeinschaften von Asylsuchenden gebildet. Im Kongo selbst gibt es laut aktuellen Berichten etwa 5,5 Millionen Binnenflüchtlinge seit dem neuen Ausbruch der Gewalt in der Kasai-Provinz im Mai 2016.

Viele kongolesische Flüchtlinge finden sich in beinahe allen afrikanischen und EU-Ländern. Immer mehr haben auch Zuflucht in Amerika, Kanada, Asien, Ost-Europa und in Lateinamerika gefunden. Nur wenige Kongolesen kommen nach Deutschland, um Schutz zu suchen. Die häufigsten Aufnahmeländer in der EU sind Frankreich, Großbritannien, Belgien, Holland und Schweden. In Afrika sind Angola, Südafrika, Kongo-Brazzaville, Sambia, Uganda, Kenia und Gabun die Länder, die Flüchtlinge aus dem Kongo aufnehmen. Im Jahr 2016 hatten der Statistik der Internetseite Laenderdaten.info[43] zu Folge 290 Schutz-suchende aus dem Kongo einen Asylantrag in der Bundesrepublik Deutschland gestellt. Mit 18 positiven Entscheiden wurden 16,1 Prozent aller Neuanträge in 2016 angenommen.

Im Vergleich zu anderen Krisenländern der Welt wird über die bewaffneten Konflikte und die Flüchtlingsproblematik im Kongo in den Medien wenig berichtet.

Ich komme auch aus dem Kongo und bin seit 29 Jahren nie wieder zurückge-kehrt. Ich vermisse mein Land jeden Tag. Der Kongo hat in ganz besonderer Weise unter dem Kolonialismus gelitten. Der belgische König Leopold II. be-trachtete die heutige Demokratische Republik Kongo von 1885 bis 1908 als sein Privateigentum und errichtete ein extremes Terrorsystem. Bis heute hat sich das Land nicht zu einem demokratischen und rechtsstaatlichem Staat entwickelt.

Kurzer Rückblick in die Geschichte des Kongos

Die Leidensgeschichte des Kongos ist im Laufe seiner Geschichte immer wieder beschrieben und dokumentiert worden. Sir Arthur Conan Doyle schrieb in *Letters to The Press* im Jahr 1909 einen Bericht an die Presse und an seinen Vorgesetz-ten: *„Die Kolonisierung des Kongos war der blutigste Kampf um eine Beute, die jemals die Geschichte des menschlichen Bewusstseins entstellt."*[44]

Sein Zeitgenosse, Joseph Conrad, stellte fest: *„Die Ausbeutung des Kongos ist das größte Verbrechen gegen die Menschlichkeit, das in der Geschichte der Menschheit begangen wurde."*

Adam Hochschild schreibt in seinem 1998 publizierten Buch „King Leopold's Ghost":

> *„Um seine Ziele in der Ausbeutung der Ressourcen des Kongos zu erreichen, hatte der belgische König Leopold II (1885 bis 1910) ein schreckliches System des Terrors durch Zwangsarbeit und Völkermord etabliert. Dörfer wurden ver-brannt, man zwang die Menschen – auch alle Kinder – zu arbeiten, um zu überleben und sie erhielten nichts für die Zwangsarbeit. Dieses lukrative Ter-ror-System war äußerst unmenschlich: Versklavung der einheimischen Völker, Vertreibungen und Massenflucht, Plünderung der Ernte, Vieh und Saatgut;*

---

43 https://www.laenderdaten.info/Afrika/Kongo-Kinshasa/fluechtlinge.php.
44 Sir Arthur Conan Doyle, in Letters to The Press, Belfast-Newsletter, Belfast, November 1909.

*Deportationen in Konzentrationslager, Zwangsarbeit mit Massenvergewalti-
gungen und Geiselnahme von Frauen und Kindern, um Männer zu zwingen,
in der anstrengenden Erzeugung von Kautschuk zu arbeiten. Dieser Kautschuk
wurde dringend für die Automobilindustrie in Europa gebraucht. Dörfer sind
dem Erdboden gleichgemacht worden, Folter mit Verstümmelungen und Mas-
sentötungen waren an der Tagesordnung."[45]*

Adam Hochschild spricht von einem *vergessenen
Holocaust* des 20. Jahrhunderts unter Leopold II.
Er beschreibt das Terrorsystem gegen die Kon-
golesen in seinem Buch weiter und schildert:
*„Wenn die Bewohner eines Dorfes sich weigerten,
sich diesem Regime des Terrors zu unterwerfen,
dann töteten die belgischen Besatzungstruppen
manchmal die gesamte Bevölkerung, um so die
Botschaft an die benachbarten Dörfer zu schicken.
Aber bei solchen Gelegenheiten zeigten sich einige
Europäische Beamte misstrauisch. Für jede an ihre
Soldaten gelieferte Patrone, verlangten sie Beweis
dafür, dass die Kugel verwendet worden war, um
jemanden zu töten, und nicht für die Jagd oder für
andere Zwecke verschwendet wurde."*

Die Historiker sind sich alle einig, dass das Terrorsystem im Kongo unter dem belgischen König Leopold II zwischen 1885 bis 1908 mindes-

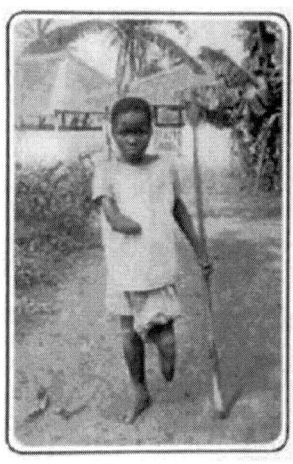

Abbildung 2: Foto eines an
Fuß und Hand amputierten
Kindes aus dem Zwangsar-
beitslager im Kongo, 1904

---

45 Adam Hochschild: King Leopold's Ghost: A Story of Greed, Terror and Heroism in Colonial Africa, October
1998. Das Buch ist in englischer Version ein Bestseller, hier die Zusammenfassung: *"In the 1880s, as the European powers were carving up Africa, King Leopold II of Belgium seized for himself the vast and mostly unexplored
territory surrounding the Congo River. Carrying out a genocidal plundering of the Congo, he looted its rubber, bru-
talized its people who became refugees in their own country, and ultimately slashed its population by ten million--all
the while shrewdly cultivating his reputation as a great humanitarian. Heroic efforts to expose these crimes eventually
led to the first great human rights movement of the twentieth century, in which everyone from Mark Twain to the
Archbishop of Canterbury participated. King Leopold's Ghost is the haunting account of a megalomaniac of monst-
rous proportions, a man as cunning, charming, and cruel as any of the great Shakespearean villains. It is also the
deeply moving portrait of those who fought Leopold: a brave handful of missionaries, travelers, and young idealists
who went to Africa for work or adventure and unexpectedly found themselves witnesses to a holocaust. Adam Hochschild brings this largely untold story alive with the wit and skill of a Barbara Tuchman (…) Chief among them is
Edmund Morel, a young British shipping agent who went on to lead the international crusade against Leopold.
Another hero of this tale, the Irish patriot Roger Casement, ended his life on a London gallows. Two courageous black
Americans, George Washington Williams and William Sheppard, risked much to bring evidence of the Congo atroci-
ties to the outside world. Sailing into the middle of the story was a young Congo River steamboat officer named Joseph
Conrad. And looming above them all, the duplicitous billionaire King Leopold II. In the post-war era, the global
demand for reform was largely forgotten. With great power and compassion, King Leopold's Ghost will brand the
tragedy of the Congo--too long forgotten--onto the conscience of the West."*

ten zehn Millionen Kongolesen das Leben gekostet hat und Hunderttausende Verstümmelte und Überlebende der Massenvergewaltigungen, Versehrte an Leib und Seele zurückgeblieben sind. Millionen Menschen flohen in die Nachbarländer.

Viele Historiker bezeichneten damals dieses Land in Zentralafrika als das *Land der amputierten Menschen.*[46]

Die tragische Lage im Kongo hat sich auch nach der Unabhängigkeit 1960 bis jetzt nicht geändert. Das etablierte Terrorsystem des Völkermordes, Massenvertreibung und Flüchtlingsströme, Massenvergewaltigungen, Zwangsarbeit von Kindern, Straflosigkeit und Ausplünderung der Ressourcen des Kongos gehen unvermindert weiter.

Schicksal kongolesischer Flüchtlinge

Nach so vielen unangenehmen Geschichten von Schutzsuchenden anderer Nationalitäten, die ich in der Beratung mitbekommen habe, war ich sehr bestrebt, auch den Kongolesen gut zuzuhören. Ich konnte mir vorstellen, dass die Geschichte der beiden Jungen schrecklich sein wird. Ich holte meine Flasche Wasser aus der Tasche. Ich stärkte mich mit drei Stück Traubenzucker und Alaa, unsere Praktikantin aus Syrien, schenkte mir spontan ein Biskuit mit Vanillefüllung. Nun war ich gut gerüstet und konnte die beiden Kongolesen zur Beratung holen. Sie waren etwas verkrampft, wirkten ernst und verzweifelt, mit einem ständigen Blick auf mich. Ich war neugierig, aber auch gelassen.

Ich begrüßte die zwei jungen Herren ganz sanft mit einem fröhlichem Lächeln: *Mbote na bino ba ndeko Mibali. Sango nini? Boye sika? Na sepeli mingi koyamba bino!*

Das bedeutet:

> Seid gegrüßt, meine Herren. Wie geht es Ihnen? Sind Sie neu angekommen? Ich freue mich sehr, Sie willkommen zu heißen!

Ich konnte die Freude in den Augen der beiden Jungen ganz genau sehen. Überrascht von meiner Begrüßung in der Muttersprache, waren die beiden plötzlich wie zum Leben erwacht. *Nkosi* und *Tomansi* waren Mitte Zwanzig. Sie kamen

---

46 Adam Hochschild, 1998/Patrick Cloos: Histoire de la colonisation belge au Congo. 2000, www.cobelco.info/

vor einer Woche in der Aufnahmeeinrichtung am Fliegerhorst an. In Deutschland waren sie seit sechs Wochen. Ich eröffnete die Beratung mit der gleichen Frage wie immer: *Was kann ich für Sie tun, meine Herren?*

Nkosi ergriff zuerst das Wort: *„Ich habe starke Schmerzen an der Brust und an den Rippen. Nachts kann ich nicht schlafen, habe Schlafstörungen mit Albträumen, seit ich der Gefangenschaft entkommen bin.“* Nach dem ersten Satz schweigt er lange. *„Ich muss zum Doktor.“*

Er öffnete seinen Rucksack und zeigte mir eine leere Packung von Medikamenten, die er in München vom behandelnden Arzt erhalten hatte.

„Sehen Sie, ich habe schon diese ganze Packung eingenommen, leider keine Besserung in Sicht.“ Er blickte mich verzweifelt an. Ich antwortete ihm:

„Wir haben Ärzte hier in der Aufnahmeeinrichtung. Ich werde Sie sofort dorthin schicken, die Behandlung wird weitergehen, bis es Ihnen besser geht“, sagte ich zu *Nkosi* weiter.

Der junge Mann hatte über Gefangenschaft und Schlafstörungen gesprochen, ich musste noch eine Frage stellen, damit ich ihn zu dem richtigen Arzt schicken konnte.

„Wo waren Sie im Gefängnis, im Kongo oder in Deutschland? Was ist passiert?“, fragte ich *Nkosi* ganz leise.

„Ich war im Kongo im Gefängnis. Zuerst in Goma, dann wurde ich nach Kinshasa mit vielen anderen Gefangenen deportiert“, antwortete *Nkosi* mit geschlossenen Augen.

„Wieso wurden Sie verhaftet?“, fragte ich ihn weiter. *„Weil wir Frieden und Achtung der Verfassung wollen. Wir haben an einem friedlichen Protestmarsch gegen den Verstoß und die willkürliche Änderung der Verfassung im September 2015 heftig protestiert. Ich wurde mit vielen anderen Studenten verhaftet, ins Gefängnis gesperrt und Tag und Nacht gefoltert. Von 15. bis 21. September 2015 fanden fast in allen Städten in unserem Land Protestmärsche gegen diese verbrecherische Regierung statt. Die Polizei hat die Demonstranten erschossen, es gab viele Toten. Alle Institutionen im Kongo sind illegal, Kabila will gegen den Willen der Bevölkerung und gegen die Verfassung an der Macht festhalten. Das geht nicht“*, antwortete *Nkosi* mit weitgeöffneten Augen.

Der junge Aktivist *Nkosi* aus dem Kongo wollte mit seinem Kameraden, die sich noch im Gefängnis in Kinshasa und Goma befinden, für Bürgerrechte, Frieden und Gerechtigkeit in ihrem Land und für eine bessere Zukunft für alle kämpfen, erzählte er mir.

Nkosi blieb wieder eine kurze Weile still. Mir war klar, dass er neben der körperlichen Behandlung seiner Schmerzen auch eine psychotherapeutische Behandlung wegen seiner Schlafstörungen benötigte. Ich fing an, die Kontaktdaten der zuständigen Abteilung zu suchen. *Nkosi* setzte plötzlich seine Erzählungen fort:

„Das Land wird unter diesem Besatzungsregime nicht regiert, sondern ruiniert und die Bevölkerung ständig terrorisiert und getötet. Junge Menschen, Studenten und Aktivisten der Menschenrechte sind die Feinde Nummer eins für dieses Regime. Viele meiner Mitgefangenen haben nicht überlebt; in den Gefängniszellen schliefen wir immer neben vielen Leichen, die manchmal bis zu zwei Tage da lagen, bevor sie nachts von den Soldaten, die zwar dieselbe Uniform wie die kongolesische Armee trugen, aber eine fremde Sprache sprachen, abgeholt wurden. Da ich als einer der Organisatoren des Protestmarsches in Goma identifiziert war, wurde ich mit neun anderen Mitgefangenen nach Kinshasa in die Hauptstadt deportiert, um dort angeblich vor Gericht angeklagt zu werden. In Kinshasa wurde ich nie angehört, mein Todesurteil stand schon fest. Die Bedingungen im Gefängnis in Kinshasa waren genau so schrecklich wie in Goma. Das Gefängnis war voll, es gibt kein Wort, um die Gewalt gegen die Häftlinge zu beschreiben. Überall abgemagerte Menschen, sogar Frauen mit Kindern und Jugendliche. Viele wurden schwer krank, weil die hygienischen Bedingungen katastrophal und viele Leiche in den Zellen waren. Ich habe kaum jemanden getroffen, der wegen eines klassischen Verbrechens dort war. Die meisten Gefangenen, sowohl in Goma wie auch in Kinshasa, sind Gegner dieser verbrecherischen Regierung im Kongo. Diese Leute haben gewagt, dieses Besatzungsregime zu kritisieren oder gegen seine Verbrechen friedlich zu protestieren. Kongolesische Polizisten oder Soldaten, die sich weigern, andere Kongolesen zu töten, werden zu Staatsfeinden erklärt; Kriminelle werden im Kongo belohnt und an die höchsten Positionen der Macht gesetzt. Die gesamte Regierung besteht aus Verbrechern. Folter und Massenexekutionen haben mich traumatisiert. Seitdem fühle ich mich wie halb tot. Ich habe immer Albträume und überall Schmerzen am Körper."

Er blieb eine kurze Weile ganz still. Ich ergriff das Wort und sagte zu seinem Landsmann Tomansi: *„Was kann ich für Sie tun, ich denke, ich weiß, was wir für Nkosi tun müssen, damit es ihm besser geht. Was ist Ihr Anliegen, Tomansi?"*

Er antwortete mir: *„Ich muss meine neue Adresse an die Behörde schicken, können Sie mir dabei helfen?"*, fragte er mich.

„Selbstverständlich. Das kann ich sofort machen", antwortete ich. *„Danke!"*, sagte Tomansi zu mir. *„Ich werde morgen wieder kommen, ich habe auch Probleme, aber heute habe ich Nkosi zur Caritas begleitet, weil er heute Nacht nicht schlafen konnte"*, sagte Tomansi sehr nachdenklich zu mir. *„Ihm geht's gar nicht gut. Er schreit in der Nacht, er denkt, er sei noch im Gefängnis. Jedes Geräusch im Flur weckt ihn auf und er fängt an zu schreien. Das stört die Mitbewohner im Zimmer. Ich habe auch Albträume, aber nicht immer"*, sagte er weiter.

„Ich habe eine Bitte an dich, kannst du Nkosi zum Arzt in der Erstaufnahmeeinrichtung begleiten, damit er einen Überweisungstermin mit den zuständigen Ärzten vereinbaren kann", bat ich *Tomansi.*

Ich schrieb eine Notiz für den Arzt, damit, falls es ein Kommunikationsproblem geben sollte, er zumindest weiß, worum es geht. *Tomansi* und *Nkosi* nahmen Abschied von mir und verließen mein Büro ganz ruhig, versprachen am nächsten Tag wieder ins Caritasbüro zu kommen. Ich blieb nachdenklich und fragte mich, ob sie überhaupt eine Bleibechance haben werden, da der Kongo nicht zu den Top-5-Herkunftsländern gehört. Es blieb mir nichts anders übrig, als zu hoffen. Ich habe mich sehr gefreut, dass beide im November des gleichen Jahres ihre Anerkennung als Asylsuchende erhalten haben.

Völkermord, regionaler Zusammenbruch und Massenflucht im Kongo

Seit 1996 ist die Demokratische Republik Kongo durch viele Berichte von Expertengruppen der Vereinten Nationen und Berichte von Menschenrechtsgruppen zum traurigen Beispiel dafür geworden, wie Kriege und die Ausbeutung beziehungsweise die gewaltsamen Plünderungen von wertvollen Ressourcen in diesem zentralafrikanischen Land mit dem Schicksal der Flüchtlinge zusammenhängen. Diese Tragödie hat eine sehr lange Geschichte und ist ein Skandal der internationalen Politik in Afrika geworden.

Die Geschichte des Königsreiches Kongo kennt brillante Zeiten, aber auch viele dramatische Ereignisse. Wir Kongolesen erinnern uns ganz gut an die Königin Nzinga Mbadi, die das Land zwischen 1587 und 1663 gastfreundlich, liebevoll und mächtig regierte. Sie leistete 30 Jahre lang Widerstand gegen die gewaltsamen portugiesischen Invasionen im 17. Jahrhundert.

„Ich bin geboren, um Königin zu sein, in meinem Reich besteht die Regel, meinem Befehl und niemandem anders außer Mir zu folgen und Ich als souveränes Oberhaupt des Königreiches Kongo habe keine andere souveräne Macht über mir, außer den allmächtigen Gott zu erkennen und ihm zu gehorchen. Keiner sollte von Mir erwarten, dass ich mich von einer absoluten Machthaberin zu einem Knecht verwandele. Wenn die Portugiesen von Mir erwarten, dass Ich ihnen jedes Jahr Geld und die Waren (Ressourcen) als Spende schenke, dann haben die Portugiesen die gleiche Verantwortung und Achtung gegenüber uns, und so sind wir gleich in der Partnerschaft und in der Höflichkeit in unseren Beziehungen."

Abbildung 3: Königin Nzinga Mbadi vom Königreich Kongo (1587–1663).

Leider sind ihre Botschaft und ihr Aufruf für eine ausgewogene internationale Zusammenarbeit mit dem Kongo bis jetzt – Anfang des 21. Jahrhunderts – nie verstanden und nie berücksichtigt worden. Ihr Kampf für Sicherheit, ausgewogene internationale Zusammenarbeit, Menschenrechte und Gerechtigkeit hatte ihrem Volk sowie den Portugiesen und anderen schutzbedürftigen Nachbarvölkern in Zentralafrika während ihrer gesamten Herrschaft würdigen Schutz und Wohlstand beschert. Sie starb am 17. Dezember 1663. Ihr Tod öffnete die Türen für eine massive Invasionen, Krieg und Menschenhandel durch die Portugiesen und Holländer.

Ursachen der Massenflucht im Kongo

Die Demokratische Republik Kongo ist eines der ressourcenreichsten Länder der Welt mit einer jungen Bevölkerung, fruchtbarem Boden, mit dem zweitgrößten Tropenwald des Planeten nach dem Amazonas und mit einem großen Süßwasservorkommen. Die Bodenschätze Kupfer, Gold, Diamanten, Kobalt, Coltan (Colombo-Tantalit), Kassiterit, Zink, Uran, Öl, und vieles mehr finden sich dort im Überfluss. Auch für die Bundesrepublik Deutschland ist der Kongo – laut

---

47 Sylvia Serbin: *Reines d'Afrique et héroïnes de la diaspora noire*, Edition SEPIA, 25 juin 2010, S. 21–44. Die Autorin beschreibt die Geschichte Afrikas und seiner Heldinnen seit der Antike, unter ihnen die Königin Nzinga Mbadi vom Königreich Kongo im 17. Jahrhundert.

Bundesanstalt für Geowissenschaften und Rohstoffe – einer der zehn wichtigsten Rohstofflieferanten. Dennoch hat das zentralafrikanische Land die ärmste Bevölkerung weltweit mit vielen Millionen Flüchtlingen. Auf dem Index der menschlichen Entwicklung der Vereinten Nationen – Human Development Index, HDI – belegt das Land seit dem Ausbruch des Krieges 1996 den letzten Platz (Rang 187) und mehr als 75 Prozent seiner Bevölkerung leben unter der nationalen Armutsgrenze.

In den 1990er-Jahren, nach dem Ende des Kalten Krieges, machte der Kongo zwei internationale Kriege durch. Der erste Krieg brach im September 1996 aus, der zweite Krieg folgte Anfang August 1998. Laut UN-Berichten waren es die blutigsten internationalen Kriege seit dem Zweiten Weltkrieg mit über acht Millionen Toten. Und der Kongo ist bis heute nicht befriedet. Zwar kam es 2003 zu einem Friedensabkommen der ehemaligen Kriegsparteien, aber im Zentrum und vor allem im Osten des Landes gehen Kampfhandlungen und bewaffnete Überfälle auf die Zivilbevölkerung weiter. Die Staatsarmee ist mit Söldnern aus fremden Ländern gemischt und führt weiterhin im Inneren Krieg gegen die Bevölkerung. Sie ist sowohl an der Ausplünderung der Ressourcen, an der Zwangsarbeit von Kindern als auch an Massenvertreibung und systematischen Massakern beteiligt. Auch der seit 2001 im Kongo amtierende Präsident Joseph Kabila ist ein ehemaliger Soldat der ruandischen Armee (Rwandan Patriotic Front Army).

Die Ausbeutung der Ressourcen und deren illegaler internationaler Handel ist der Hauptgrund für den Krieg im Kongo[48]. Weltweit agierende multinationale Firmen erlangten die Kontrolle über die Bergbaugebiete im Osten des Landes nur mit Hilfe ihrer militärischen Verbündeten aus den Nachbarländern. Sie zwingen die Menschen, zum großen Teil Kinder und Jugendliche, für sie in den Minen unter menschenunwürdigen Bedingungen zu arbeiten. Die Bevölkerung wird mit unbeschreiblicher Gewalt, unter anderem durch Massaker und Massenvergewaltigung von Frauen jeden Alters, vertrieben, ermordet und enteignet. Die internationalen Firmen und ihre regionalen Verbündeten des Militärs monopolisieren sogar den Export von allen Ressourcen des Kongos. Tausende Hektar des Tropenwaldes wurden willkürlich und umweltschädigend abgeholzt. Für diesen Zweck gründeten sie seit dem Ausbruch des internationalen Mineralienkrieges im Kongo 1996 weltweit agierende Handelsfirmen. Die Besatzungsregierung und die internationalen Firmen nehmen sich das alleinige Recht, die wertvollen

---

48 Hütz-Adams, Friedel: Zur Kriegsfinanzierung in der D.R. Kongo: Kongo: Handys, Gold & Diamanten. Kriegsfinanzierung im Zeitalter der Globalisierung, Strukturelle Gewalt in den Nord-Süd-Beziehungen, Art.-Nr.: 2004-04 Band 2, SÜDWIND Edition, Siegburg, September 2003.

Ressourcen aus dem Kongo zu exportieren, ohne die Wertschöpfung in das Land zurückzuführen. Die UN erklärt diesen Handel für illegal.

Coltan, ein Grundstoff für die Hightech-Industrie und moderne Technologien, zum Beispiel für Handys, Computer, Laptops, Autos, Flugzeuge und Weltraumtechnik, spielt seit langem eine wichtige Rolle in der internationalen Kriegsökonomie. Der Kongo liefert allein über 80 Prozent dieser Mineralien an den Weltmarkt. Die Vermarktung läuft über die oben beschriebenen illegalen Händler und ausländische Aufkäufer der Coltan verarbeitenden Industriekonzerne weltweit.

Anhaltende Kriegsökonomie

Im August 1998 brach der zweite internationale Krieg im Kongo aus. Im Oktober 2001 hat die Gruppe nationaler und internationaler Experten die Plünderung der Ressourcen des Kongos durch den internationalen Mineralienkrieg für die Jahre zwischen August 1998 bis 2001, im Detail nach Sektoren, auf mehr als zehn Milliarden US-Dollar geschätzt.[49] Plünderungsaufträge, die während des zweiten Kongo-Krieges durch die von internationalen Firmen bewaffneten ruandisch-ugandisch-burundische Invasion durchgeführt worden waren, versetzten das Land in einen blutigen Krieg. Die ehemalige US-Außenministerin Madeleine Albright hat ihn als „Ersten afrikanischen Weltkrieg" bezeichnet.

Am Morgen des 5. Juni 2000 brach in Kisangani im Nordosten der Demokratischen Republik Kongo ein Konflikt um die Kontrolle von Rohstoffminen aus, der mit schweren Waffen zwischen ruandischen und ugandischen Regierungsstreitkräften ausgetragen wurde. Die Kriegsparteien töteten tausende von Menschen, zerstörten Kongos Infrastruktur und plünderten privates Eigentum der kongolesischen Bevölkerung und wertvolle Ressourcen des Landes. Die Bevölkerung machte sich auf die Flucht. Junge kongolesische Friedensaktivisten im Kongo wie auch im Exil verurteilen bis heute in sozialen Netzwerken diese Kriegsverbrechen. Schon damals verließen viele Kongolesen das Land und flüchteten in alle Richtungen in afrikanische Länder und weltweit. Millionen von Binnenflüchtlingen vegetieren immer noch innerhalb des Landes schutzlos dahin.

Viele der Opfer wurden in unzähligen Massengräbern verscharrt. Mindestens 25 kongolesische Frauen wurden mit ihren kleinen Kindern 1999 in einem kleinen

---

49 Rapports des Experts de l'ONU sur l'exploitation illégale des ressources du Congo (RDC), 2001–2012 (S/2002/1146).

Dorf 130 Kilometer südlich von der Metropole Bukavu von ruandischen Truppen lebendig begraben. Überlebende des Massenmords bleiben ihr Leben lang von den Spuren der Gewalt gekennzeichnet.

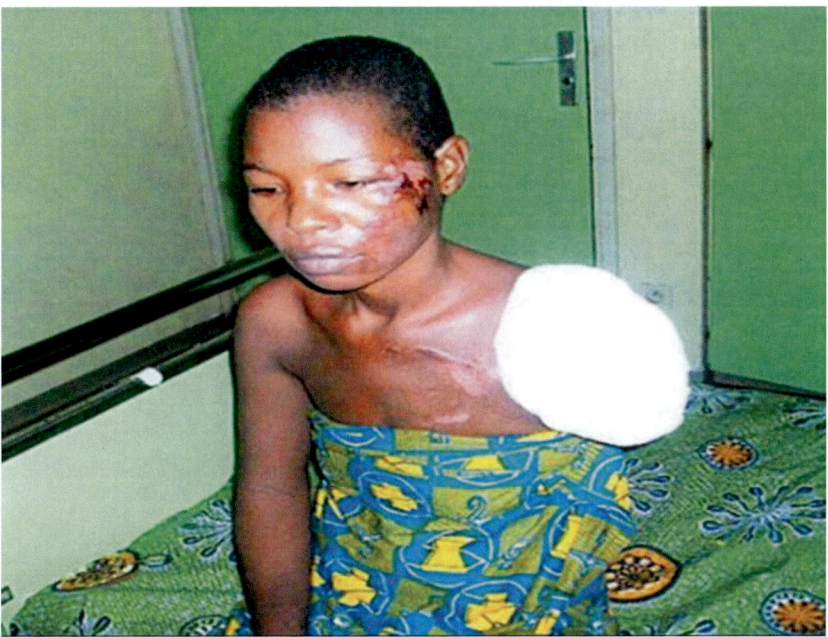

Abbildung 4: Foto einer überlebenden Frau, amputiertes Opfer der Massenvergewaltigung, Kivu Provinz, Kongo, 2009. Weitere Informationen finden Sie auf der Webseite: http://m.yebelavision.webnode.fr/products/a48-femmes-violees-par-heure/.

Nach Angaben des amerikanischen Gesundheitsmagazins American Journal of Public Health, Mai 2011, waren im Kongo während des zweiten Krieges täglich mindestens 1.100 Frauen und kleine Mädchen Opfer der fremden Soldaten – Berichte, die auch von vielen anderen internationalen Menschenrechtsorganisationen bestätigt wurden. Schwerbewaffnete Milizen aus Ruanda, Uganda und Burundi wie auch UN-Blauhelm-Soldaten vergewaltigten, demütigten, misshandelten, folterten und ermordeten Frauen und Mädchen.

Bilder unbeschreiblicher Gewalt gegen kongolesische Frauen

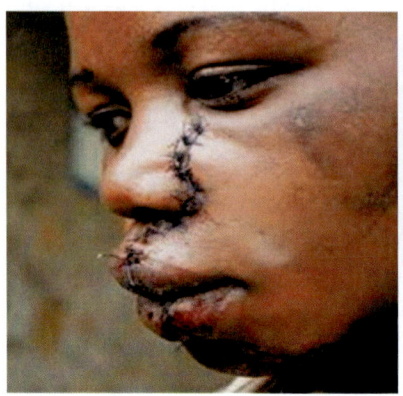 

Abbildung 5: Kongolesische Frauen die Opfer der Massenvergewaltigungen wurden, Kivu Provinz, DR Kongo, 2011 und 2014

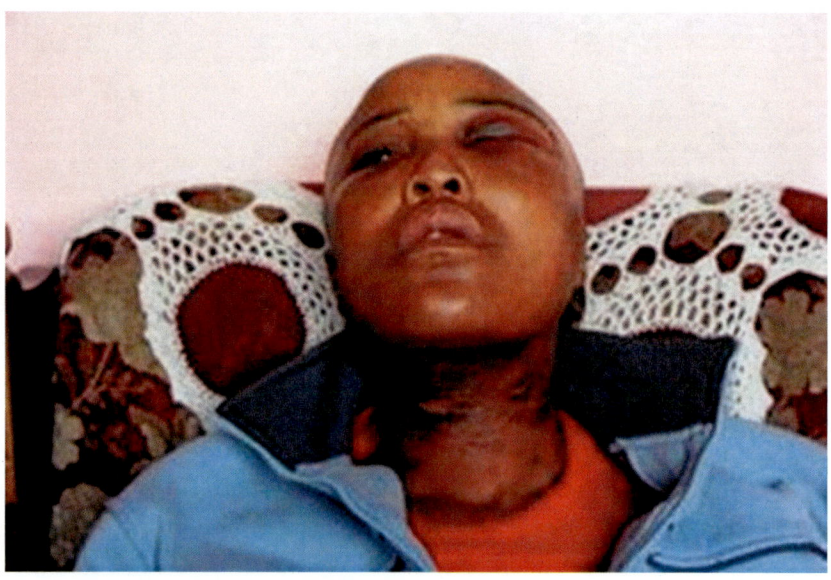

Abbildung 6: Viele Opfer bleiben lebenslänglich von den Gewalt gezeichnet. Viele von ihnen starben unter dieser Gewalt.

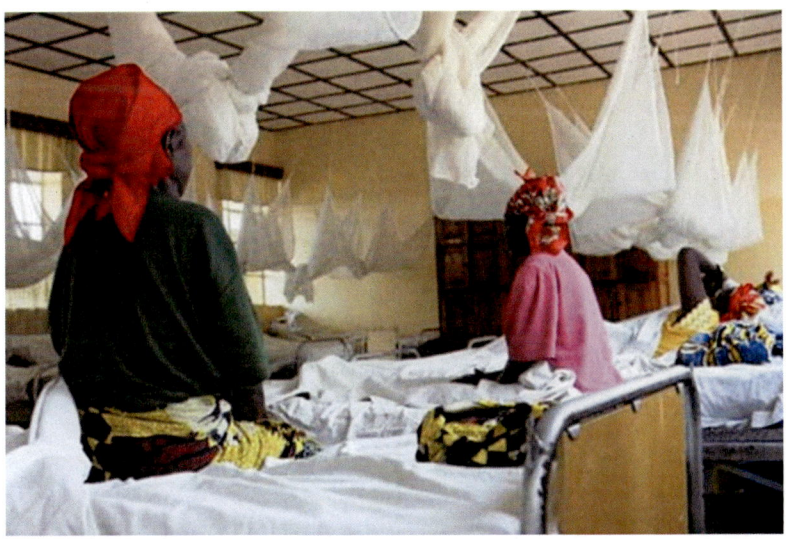

Abbildung 7: Foto vom Panzi Hospital in Bukavu, Kongo, 2012: Frauen jeden Alters werden seit 1996 von Soldaten und Milizen der Nachbarländer sexual terrorisiert und ermordet.

Seit dem Ausbruch des zweiten Krieges 1998 behandelt der kongolesische Gynäkologe und internationale Preisträger[50], Denis Mukwege, Tausende von Binnenflüchtlinge, vor allem Frauen, Mädchen und Kinder, die Opfer der Massenvergewaltigungen im Kongo geworden sind. Bis jetzt hat das internationale Recht zum Schutz der Zivilbevölkerung, insbesondere der Frauen, trotz zahlreicher und umfassender Berichte der UN und internationaler Menschenrechtsorganisationen über diese massiven Menschenrechtsverletzungen im Kongo keine Anwendung gefunden.

Abbildung 8: Foto: Dr. Denis Mukwege, Gynäkologe und Leiter des Panzi Hospitals in Bukavu, D.R. Kongo

---

50 Dr. Denis Mukwege hat folgende internationale Auszeichnungen für seinen ärztlichen und humanitären Einsatz für kongolesische Frauen als Opfer des sexualen Terrors erhalten: Menschenrechtspreis der Vereinigten Nationen (2008); Alternativer Nobelpreis (Livelihood Preis, 2013); Sacharow Preis des Europäischen Parlaments (2014); Seoul Friedenspreis (2016).

„Kongo ist unter einer massiv korrupten kriminellen Regierung, die sich gegen die Verfassung und gegen den Willen der kongolesischen Bevölkerung gewaltsam an der Macht hält. Sie bietet keinen Schutz, keine Lebens- und Zukunftsperspektive für die Bevölkerung, insbesondere für junge Menschen, die immer mehr das Land verlassen müssen und ins Ausland fliehen", sagte Cecile Kyenge, italienische EU-Abgeordnete kongolesischer Abstammung im Europa Parlament in Brüssel am 18.12.2016.

Internationale Ausbeutung der Ressourcen des Kongos[51]

Auch die internationale Gemeinschaft hat erkannt, dass das Flüchtlingselend und Massenflucht nur beseitigt werden können, wenn die Ursachen bekämpft werden. Nichtregierungsorganisationen und eine UN-Expertengruppe forderten im Jahr 2012 Sanktionen gegen den kriminellen Rohstoffhandel aus dem Kongo, die aber vom UN-Sicherheitsrat nicht verhängt wurden. Ein Argument der UN war, dass ein Embargo angesichts der weit offenen Grenzen schwer durchzusetzen sei. Sanktionen wurden im Sommer 2012 von den USA und der EU gegen Ruanda angekündigt, diese wurden nach kürzester Zeit wieder aufgehoben. In der Tat werden im Kongo die vielen Mineralien und Metalle von hunderttausenden Zwangsarbeitern, darunter viele Kinder und Kleinschürfer, abgebaut. Sie arbeiten mit ihrer puren Muskelkraft, unter ständiger Gewaltandrohung und Überwachung von fremden Soldaten und Milizen.

In seinem Bericht aus dem Jahr 2013 über die Entwicklung und die Fortschritte in Afrika untersuchte das *Africa Progress Panel* fünf Verkaufsverträge in kongolesischen Minen. Im Mai 2013 veröffentlichte in Südafrika die Expertengruppe des *„Africa Progress Panel"*, an dem der ehemalige UN-Generalsekretär Kofi Annan mitwirkte, eine Studie, die unter anderem darlegt, *„dass Afrika jährlich durch rechtswidrigen Kapitalabfluss mehr als zweimal so viel finanzielle Mittel verliert als durch Entwicklungshilfe auf den Kontinent fließen"*.

An kongolesischen Beispielen wird von den Experten des *Africa Progress Panels* festgemacht, wie internationale Firmen agieren:

---

51 Berichte der UN-Experten über die Plünderung und den illegalen Handel der Ressourcen des Kongos wurden mehrfach von internationalen Organisationen und von der Presse veröffentlicht: Liste des multinationales qui soutiennent la guerre en RDC, publié le 27 juillet 2013: https://www.lecongolais.cd/liste-des-85-multinationales-qui-soutiennent-la-guerre-en-rdc/
Dieser Link gibt auch ausführliche Informationen dazu: Patrick forestier, Jeudi Investigation, Canal Plus, 2007, in: Portail Humanitaire: République démocratique du Congo/Pillage organisé des ressources naturelles de la RDC, Ecquevilly, Mars 2010: http://www.portail-humanitaire.org/pillage-organise-ressources-naturelles-de-rdc/

„Die Regierung im Kongo hat seit 2001 mehrere hundert mafiaähnliche Handelsverträge mit verschiedenen westlichen multinationalen Firmen unterzeichnet, die im Kongo unter dem Begriff Contrats léonins bekannt sind", so die Experten. Die kongolesische Regierung hat seit 2001 über 650 willkürliche und unverantwortliche Verträge mit internationalen Firmen weltweit unterzeichnet. *Africa Progress Panel* hatte nur fünf dieser Verträge untersucht und festgestellt, dass der Kongo allein durch diese fünf Verträge, die mit undurchsichtigen internationalen Offshore-Gesellschaften bestanden haben, zweimal das Jahresbudget für Gesundheit und Bildung an Staatseinnahmen in kurzer Zeit (zwischen 2010 und 2012) verloren hat. Beispielsweise sei ein vereinbartes Schürfrecht kurz nach Vertragsabschluss auf den britischen Jungferninseln mit einem Profit von 400 Prozent weiterveräußert worden. Nebenbei erwähnt der Bericht, dass dem kongolesischen Staatshaushalt für Gesundheitsfürsorge und Bildung gerade mal 698 Millionen Dollar zur Verfügung stünden und erinnert daran, dass wegen der Kriegsökonomie im Kongo über 75 Prozent seiner Bevölkerung unter der Armutsgrenze leben und über 80 Prozent der aktiven Bevölkerung arbeitslos sind.

Die Experten des *Africa Progress Panel* teilten der Weltöffentlichkeit am 10. Mai 2013 mit: *„Zwischen 2010 und 2012 hat die Demokratische Republik Kongo durch fünf dubiose Verträge mit an Offshore-Gesellschaften verkaufte Schürfrechte mindestens 1,36 Milliarden US-Dollar an Einnahmen verloren."*

Fünf Transaktionen, insbesondere von den *Gecamines* (Générale Carrière des Mines), ein nominell kongolesisch staatliches Unternehmen, und mehrere Offshore-Gesellschaften wurden untersucht. Michel Camdessus, einer der Experten des *Africa Progress Panels*, alarmierte die Öffentlichkeit und machte die Kriegswirtschaft, Korruption und Steuerhinterziehung, die von der Regierung der Demokratischen Republik Kongo und den multinationalen Unternehmen verantwortet wird, öffentlich und transparent.

„All diese umgeleiteten Ressourcen sind ein Verbrechen", sagte er der Presse[52]. Dieser Bericht wurde unter anderem vom Magazin *Jeune Afrique* in seiner Ausgabe vom Freitag, 10. Mai 2013 veröffentlicht.

Michel Camdessus spricht von einem Verbrechen im Zusammenhang mit der Armut der kongolesischen Bevölkerung und einem Leben ohne Zukunftspers-

---

52 Siehe Artikel vom 10. Mai 2013 in Jeuneafrique.com: Michel Camdessus: „All diese umgeleiteten Ressourcen, dies ist ein Verbrechen." In: Originalausgabe: *„Toutes ces ressources détournées, c'est un crime",* Jeune Afrique, 10 mai 2013. http://www.jeuneafrique.com/19949/economie/michel-camdessus-toutes-ces-ressources-d-tourn-es-c-est-un-crime/#ixzz2TC3h1G94.

pektive für Millionen von Binnenflüchtlingen und Schutzsuchenden, insbesondere jungen Menschen in Afrika, die ihre Länder verlassen müssen.

Dieser Bericht des Africa Progress Panels veröffentlichte weitere Details über das Ergebnis der internationalen Handelsbeziehungen mit dem gesamten afrikanischen Kontinent. Empört und schockiert stellten Michel Camdessus und seine Kollegen des *Africa Progress Panel* fest:

„Zwischen 2008 und 2010 war der geschätzte Verlust für Afrika im Zusammenhang mit geraubten und umgeleiteten Ressourcen für Staatskapitaleinnahmen durch unrechtmäßige Handelsverträge und Steuerhinterziehung mindestens 38,5 Milliarden US-Dollar jährlich mehr als doppelt so hoch als die Entwicklungshilfeleistungen im gleichen Zeitraum", so Michel Camdessus beim Pressebericht am 10. Mai 2013.

Anwendung und Durchsetzung wirksamer rechtlicher Reformen scheinen immer noch nicht möglich zu sein. Zuletzt haben im Jahr 2016 die Veröffentlichung der „Panama Papers" durch die Süddeutsche Zeitung und weitere zahlreiche internationale Medien den Transfer des illegal erzielten Vermögens in Steuerparadiese bestätigt.

Aufklärung im Britischen Parlament

Britische Zeitungen hatten im Mai 2013 in London einen Prozess um den illegalen Handel von Edelsteinen und Gold gegen multinationale Firmen gewonnen. Sie veröffentlichten Dokumente, die bewiesen, dass im März 2011 aus dem Kongo über Nairobi Gold und Edelsteine im Wert von über zwei Milliarden US-Dollar nach Amman in Jordanien geschmuggelt wurden. Der kenianische Zoll habe davon Wind bekommen und nicht zu knapp Bestechungsgeld verlangt, „um wegzuschauen".

Die Ratlosigkeit im Britischen Parlament war deutlich spürbar. In einer Pressemitteilung von 18. November 2011 teilte Eric Joyce, damals Vorsitzender der All-Parteien-Fraktion des britischen Parlaments für die Region der Großen Seen in Afrika, seinen Kollegen Folgendes mit:

„Die an mich weitergeleiteten Dokumente über die wirtschaftliche Lage im Kongo bestätigen ganz deutlich, dass die Mitglieder der Regierung der Demokratischen Republik Kongo, insbesondere der derzeitige Präsident Joseph Kabila, bedeutende Mengen von Mineralien und anderen Staatsressourcen durch

fragwürdige Verträge zu lächerlichen Preisen an verschiedene ausländischen Unternehmen verkauft hat, und die Einnahmen zu privaten Zwecken Kabilas und dessen Regierungsmitglieder verwendet hat".

Eric Joyce schrieb weiter:

„Diese Dokumente beweisen, dass die Ressourcen des Kongos nicht als legitime Einnahmequellen für die kongolesische Bevölkerung betrieben werden. Das bedeutet, eine Reihe von willkürlichen komplexen Vereinbarungen zwischen der Regierung des Kongos und zahlreichen internationalen Unternehmen ermöglicht es, dass so eine kleine Anzahl von Menschen in der Regierung immer reicher wird, indem enorme Verluste für die Bevölkerung des Kongos das Land beispiellos ruinieren."

Die Feststellungen von Eric Joyce im britischen Parlament stimmen mit denen vom *Africa Progress Panel*, die im selben Monat über die wirtschaftliche Lage im Kongo veröffentlicht wurden, überein.

Empört und fassungslos appellierte Eric Joyce im November 2011 an seine Kollegen im Britischen Parlament mit dieser Bemerkung:

„Das Vereinigte Königreich wird über die nächsten vier Jahre dem Kongo eine finanzielle Unterstützung von insgesamt £ 700 Millionen für Entwicklungshilfe zur Verfügung stellen. Wir sind in einer Zeit der strengen Steuersparmaßnahmen und wir müssen sicher sein, dass Staatsmittel sinnvoll ausgegeben werden. Diese Dokumente zeigen, dass das Geld der britischen Steuerzahler ohne Einschränkung in einem Land verbraucht wird, in dem die Menschen jährlich mehrerer Milliarden Dollar Staatseinnahmen aus ihren Ressourcen und aus Erträgen des Bergbaus, aus Lizenzgebühren und dem Verkauf von Bergbaurechten willkürlich und systematisch beraubt werden."

Die kongolesische Besatzungsregierung schließt bis heute mit vielen dubiosen internationalen Unternehmen hunderte von fragwürdigen Verträgen. Dabei handelt es sich um Off-Shore-Firmen mit Sitz in britischen Steuerparadiesen, die ihre Erträge im Bergbau der „Demokratischen Republik" Kongo mit „Kommissionszahlungen" an die Regierungsmitglieder im Kongo erworben haben, ohne Steuern zu zahlen oder angemessene Entgelte für den Abbau von Bodenschätzen zu entrichten. Neun der Dokumente wurden im Pressebericht des Britischen Parlaments veröffentlicht.

Großbritannien ist eines der Länder Europas, das viele Schutzsuchende aus dem Kongo seit dem Ausbruch des zweiten Kongo-Krieges im Jahr 1998 aufgenommen hat. Die großen Sorgen der britischen Regierung gegenüber der katastrophalen Lage im Kongo waren berechtigt. Die Briten sind kaum mehr in der Lage, noch mehr Flüchtlinge in ihrem Land aufzunehmen. Andererseits sind die britischen Steuerparadiese Teil des ausbeuterischen Systems.

Das Netzwerk der Flüchtlinge aus dem Kongo in Europa hatte im März 2013 mehrere Dokumente und Aussagen der britischen Behörden über den illegalen Rohstoffhandel im Kongo gesammelt. Bemerkenswert ist der offizielle Brief[53], den Pauline Latham, Abgeordnete des britischen Parlaments, an ihre Kollegin Justine Greening, damals Staatssekretärin und Ministerin für internationale Entwicklung in der britischen Regierung, geschrieben hat.

Am Anfang ihrer Korrespondenz[54], bringt Pauline Latham (MP) die Sorge des damaligen britischen Premierministers in Bezug auf mangelnde Transparenz der internationalen Handelsverträge mit den „Entwicklungsländern" zum Ausdruck. An erster Stelle dieser Länder wurde die „Demokratische Republik" Kongo und seine Regierungsmannschaft zitiert. Sie sei für ein hohes Maß an Repressionen durch den Staat, Armut der Bevölkerung, Korruption und Veruntreuung verantwortlich.

So begann Pauline Latham ihren Brief: *„Ich schreibe Ihnen und bitte Sie, über die jüngste Verpflichtung des Premierministers hinaus auf dem Gipfel in Davos zu handeln und die Transparenz in den Entwicklungsländern zu erhöhen. Ich hoffe, dass Sie Ihre Bemühungen in der Demokratischen Republik Kongo (DRC) erhöhen werden, um für die Durchsetzung gerechter internationaler Regeln zu kämpfen und eine korrupte Regierung und internationale Unternehmen zu zwingen, transparent zu handeln."*

Die britische Abgeordnete Pauline Latham rechtfertigt ihren Ansatz und beruft sich auf unzweifelhafte Beweise der UN-Expertenberichte und des *Global Witness*. Sie schrieb an ihre Kollegin, die Ministerin Justine Greening, Folgendes:

„In den letzten Jahren wurden mehrere Milliarden Dollar an Erlösen aus den nationalen Ressourcen des Kongos für sehr wenig oder gar keine Staatseinnah-

---

53 Ref. MDMM38/40/JP vom 26. März 2013.
54 LETTRE DE PAULINE LATHAM, MP, AU SECRETAIRE D'ETAT HONORABLE JUSTINE GREENING, MP, Secrétaire d'Etat au Département du Développement International, réf.MDMM3840/JP; 1 Palace Street, London SW1E 5HE, Mardi, 26 Mars 2013. (Traduction française), Kongo Times, Mai 2013.

men in einem undurchsichtigen Netzwerk von Scheinfirmen, die sich in den British Virgin Islands (BVI) und in Gibraltar befinden, übertragen. Diese Vermögenswerte fließen oft an Unternehmen, die unter anderem an der Londoner Stock Exchange notiert sind, diese Unternehmen Milliarden von Dollars versenken, die aber rechtmäßig an die Bevölkerung der Demokratischen Republik Kongo zurückfließen sollten. "

Sie konnte diese Angaben genau belegen:

„Forschungsergebnisse durch Experten wie Global Witness im Jahr 2007 belegen, dass Erlöse in Höhe von 5,5 Milliarden Dollar aus dem Bergbau und an sonstigen Erträgen den Menschen der Demokratischen Republik Kongo verloren gingen, zugunsten internationaler Firmen auf den British Virgin Islands, Gibraltar oder anderer an der internationalen Börse eingetragener Unternehmen. "

Diese kriminellen Umleitungen der enormen Vermögen des Kongos schockierten die britischen Abgeordneten so sehr, dass sie ihre Kollegin Justine Greening aufforderten, *„mit viel Härte gegenüber der Regierung der Demokratischen Republik Kongo vorzugehen.* "

Mit der folgenden Aufstellung unterstrich Pauline Latham ihren Appell an die britische Regierung und sagte: *„Die britischen Steuerzahler finanzieren jedes Jahr für 147 Millionen Pfund Projekte in der Demokratischen Republik Kongo. Gleichzeitig gehen der kongolesischen Bevölkerung mehr als 24 Mal mehr Geld im Jahr an Staatseinnahmen aus dem Rohstoffhandel mit britischen Firmen verloren.* " Der jährliche Verlust in den Staatseinnahmen entspricht für die kongolesische Bevölkerung mehr als 24 Jahren Beiträgen der britischen Steuerzahler für Entwicklungshilfe an die Demokratische Republik Kongo. Dieser Verlust entspricht in diesem Zusammenhang jährlich 3,5 Milliarden britische Pfund.

Schließlich forderte sie ihre Kollegin auf, klar Position zu beziehen und schrieb: *„Im Lichte aller Beweise, fordere ich Sie auf, sich auf die Seite der kongolesischen Bevölkerung zu stellen und durch den Beitritt zum Internationalen Währungsfonds eine viel härtere Position gegenüber der Regierung der Republik Kongo und gegenüber denjenigen zu vertreten, die dort illegal Geschäfte machen und Gerichtsverfahren gegen sie zu eröffnen.* " Die harte Position gegenüber der kongolesischen Regierung ist auch im Jahr 2018 noch nicht effektiv genug durchgesetzt worden.

Die Plünderung der Rohstoffe im Kongo hält an

Der Verlust für die kongolesische Bevölkerung ist in allen lebenswichtigen Sektoren enorm und quasi unschätzbar. Die Proteste der Bevölkerung und vieler zivilgesellschaftlicher Gruppen zeigen, dass den Menschen im Kongo die Ausbeutung ihres Landes sehr bewusst ist. Bisher ist es Kabila und den Besatzungstruppen gelungen, die Proteste brutal niederzuschlagen. Trotzdem werden sie von der Bevölkerung fortgesetzt.

Multinationale Konzerne plündern weiterhin problemlos und unter dem gut bezahlten „Schutz" zahlreicher bewaffneter Söldner-Truppen die reichen Bodenschätze im Kongo aus. Allein in der Provinz Nord-Kivu zählt man mindestens 17 solcher Milizen. Drehscheibe für den illegalen Export sind die östlichen Nachbarländer Burundi, Ruanda und Uganda, wie es seit Jahren UN-Expertenberichte dokumentieren. Die einheimische Bevölkerung wird mit unbeschreiblicher Gewalt ermordet, vertrieben und in die Flucht geschlagen. Die UN-Berichte zeigen deutlich, wie die Rohstoff-Kriege im Kongo den internationalen Markt füttern und wie gut das alles international verwaltet wird.

Der Völkermord, der Strom der Flüchtlinge, die bittere Armut der kongolesischen Bevölkerung und die Straflosigkeit machen jeden menschlichen Verstand ebenso ratlos wie das Versagen der größten UN-Mission aller Zeiten im Kongo.[55]

Bewaffnete Soldaten aus Ruanda und Uganda hatten mit westlicher multinationaler Unterstützung von 1996 bis 2003 weite Teile des Ost Kongos besetzt gehalten, offiziell sollten dort ruandische „Völkermörder gejagt" werden. Ein großer Teil der ruandischen Hutu-Armee war 1994, nach dem Massaker in Ruanda, vor allem in den Kongo geflüchtet.

Doch später stellt sich heraus, wie in vielen Berichten der UN und anderer internationaler Organisationen dokumentiert wurde, dass die Regierungen Ruandas und Ugandas nicht nur mit den „Völkermördern" gelegentlich gute Geschäfte machten, sondern den Zugang zu den begehrten Ressourcen des Kongos im Visier

---

55 Mission de l'Organisation des Nations unies pour la stabilisation en République démocratique du Congo; Abkürzung (MONUSCO durch die Resolution 1925 vom 1. Juli 2010) ist einer der derzeit größten friedenssichernden Einsätze der Vereinten Nationen. Von 1999 bis zum 30. November 2010 wurde sie unter der Benennung Mision d'Observation des Nations Unies au Congo (MONUC). Diese UN-Mission wurde am 30. November 1999 durch die Resolution 1279 des UN-Sicherheitsrates ins Leben gerufen und hatte mindestens 17.000 Blauhelmsoldaten im Ansatz im Kongo und kostete mindestens 1 Milliarde US Dollar pro Jahr. In den 1960er-Jahren wurde der UN-Ansatz im Kongo ONUC (Organisation des Nations Unies au Congo) während des Unabhängigkeitskrieges mit Belgien benannt.

hatten. Sie waren und sind selbst an der Plünderung der Rohstoffe mit Hilfe westlicher multinationaler Firmen reich geworden. Uganda ist deshalb vom Internationalen Gerichtshof in Den Haag zur Zahlung von Schadensersatz an den Kongo in Höhe von zehn Milliarden US-Dollar verurteilt worden, was bis heute von der Regierung in Kampala ignoriert wird.

Ruanda stieg zum führenden Rohstoffexporteur der Region auf: Es exportiert Edelmetalle, die in Ruanda nicht gefunden werden. Der 2012 veröffentlichte UN-Bericht zählt zahlreiche Beweise für die Rekrutierung und die Unterstützung von Söldnertruppen durch Ruanda und Uganda auf. Dies bewirkte allerdings nur die vorübergehende Blockade der Unterstützung für Ruanda, die aber schnell aufgehoben wurde. Ruanda und Uganda, die maßgeblich an den kriegerischen Auseinandersetzungen im Kongo beteiligt sind, leiden unter keiner UN-Sanktion. Es ermutigt die Beteiligten dieser Kriegswirtschaft, dass sie bisher keine Strafverfolgung fürchten müssen und ermöglicht die Fortsetzung des Krieges.

China als neuer „Global Player"

Im Kongo tummeln sich nicht nur multinationale Konzerne westlicher Länder als Akteure und große „Global Player". Auch China ist inzwischen dabei. Chinesen sind überall im Land präsent, zumindest über ihre Billigprodukte, die inzwischen das Land vermüllen. Bis vor wenigen Jahren kannte der Kongo noch kein Müllproblem. Die chinesischen Firmen bauen im Kongo auch mit Milliardenkrediten Straßen von höchst zweifelhafter Qualität. Bezahlt wird mit den Rohstoffen des Landes. Dabei sind die Verträge mit China nicht transparent und Ressourcen verlassen legal und illegal das Land. So werden strategisch höchst wichtige Mineralien und Tropenholz in größerem Umfang aus dem Land geschleust, um den erheblichen chinesischen „Hunger" nach Coltan (Colombo-Tantalit), Edelsteinen, Holzprodukten, strategischen Mineralien, Elfenbein und ähnlichem zu befriedigen. Wie Greenpeace im März 2013 aufdeckte, gelangten zahlreiche Lieferungen des illegal geschlagenen Kongo-Tropenholzes auch in die EU. Weiter ist das für den Handel eigentlich verbotene Elfenbein zu erwähnen. Es ist in Asien heiß begehrt und Elefanten im gesamten Kongobecken werden getötet, um ihr Elfenbein zu verwerten.

Im Kongo wurde zudem Öl gefunden. Am schmalen Streifen vor der Atlantikküste, wo Angola im Süden und die Nachbarrepublik Kongo-Brazzaville im Norden schon fördern. Auch im umkämpften Osten des Kongo findet sich ein sehr umfangreiches Ölvorkommen in der Region des Albertsees, durch den die

Grenze zu Uganda verläuft. Uganda hat bereits zur Ölförderung eine britische Firma engagiert.

Es hat auch zu Beginn des Jahres 2018 den Anschein, dass die enormen Ressourcen des Kongos auch weiterhin nicht dem Wohlstand der kongolesischen Bevölkerung dienen und die wirtschaftliche Lage nicht verbessern. Unter der instabilen Lage im Kongo leidet die gesamte Region. Die Entwicklung Zentralafrikas hängt zu einem nicht unwesentlichen Teil von der Stabilität im Kongo ab.

Seit Ausbruch des Krieges 1996 wurde der Weltöffentlichkeit weisgemacht, im Kongo herrsche ein „Bürgerkrieg". Die ruandischen Besetzer bedienen sich der kongolesischen Kollaborateure, um ihre Macht zu festigen. Doch letztlich herrscht im Kongo ein internationaler Krieg um den Zugang und um die Ausplünderung der wertvollen Ressourcen. Seitdem sitzen in der Region militärische „Subunternehmen" auf vielen Bergwerken. Diese internationale „Kriegsökonomie" des Kongos hat mindestens acht Millionen Menschen im Kongo das Leben gekostet, mehrere Millionen Menschen wurden zu Flüchtlingen innerhalb und außerhalb des Landes und es herrscht bittere Armut.

Die Reaktion in den USA

Im Juli 2010 unterzeichnete der US-Senat neue Regelungen, die von der US-Administration, gemäß den Bestimmungen des *Wall Street Reform- and Consumer Protection Act* von Dodd-Frank[56] (auch als *Financial Reform Act* bekannt), für Ölgesellschaften, Gas- und Hightech-Unternehmen mit der *Securities and Exchange Commission (SEC)* verabschiedet wurden. Allerdings sind diese Regelungen immer noch nicht in Kraft getreten und werden nicht durchgesetzt. Dies wären Bestimmungen, wonach jede börsennotierte Gesellschaft, die unter anderem wertvolle und strategische Mineralien verwendet, bescheinigen muss, dass das Mineral zwar ursprünglich aus dem Kongo stammt, aber nicht von den Nach-

---

56 Der Dodd-Frank Wall Street Reform- and Consumer Protection Act-Public Law No. 111–203 ist ein US-amerikanisches Bundesgesetz, das als Reaktion auf die Finanzmarktkrise von 2008 das Finanzmarktrecht der USA umfassend ändert. Das Gesetz ist nach dem damaligen Vorsitzenden des Ausschusses für Banken, Wohnungsund Städtebau des Senats, Chris Dodd, und dem damaligen Vorsitzenden des Ausschusses für Finanzdienstleitungen des Repräsentantenhauses, Barney Frank, benannt und wurde am 21. Juli 2010 durch die Unterzeichnung von Präsident Barack Obama verabschiedet. Der Dodd-Frank Act umfasst insgesamt 15 Titel mit 541 Gesetzen auf 849 Seiten. Gemäß der Präambel verfolgt das Gesetz die Ziele der Förderung der Stabilität des Finanzmarktes der UA. Das soll erreicht werden durch eine Verbesserung der Verantwortlichkeit und der Transparenz im Finanzsystem und durch die Beendigung der Problematik des faktischen Zwangs zur Rettung von Finanzdienstleistungsunternehmen, die zu bedeutend für das Finanzsystem sind, um sie untergehen lassen zu können. Zudem sollen die Konsumenten vor missbräuchlichen Praktiken bei Finanzdienstleistungsunternehmen und multinationalen Konzernen geschützt werden.

barländern (Ruanda, Uganda, Burundi) oder deren Milizen, die für Massaker, Vertreibung der Bevölkerung und andere Grausamkeiten im Kongo seit 1996 verantwortlich sind, auf dem Weltmarkt abgesetzt worden sind. Diese Bestimmungen würden dazu dienen, die Kriegsökonomie zu beenden. Es wären Stabilität und Sicherheit im Kongo und in Zentralafrika möglich, weniger Menschen müssten fliehen und internationale Partnerschaften würden gestärkt, die auf legalen Handelsbeziehungen basieren.

Die Diskussion um Sanktionen ist weiterhin aktuell, hat sich aber bisher als ineffizient erwiesen. Eine neue Gesetzgebung der USA hatte vorübergehend zu einem De-Facto-Boykott von Zinnerz, Coltan, Wolfram und Gold aus dem Kongo geführt. Der oben genannte Dodd-Frank-Act untersagt zwar nicht den Handel mit diesen Metallen aus dem Kongo, schreibt den Unternehmen jedoch vor, Berichte zu veröffentlichen, ob sie Metalle aus den Konfliktgebieten beziehen. Ein Großteil der Elektronikindustrie hatte im Jahr 2010 seine Käufe aus der Region nur vorübergehend eingestellt.

Das Versagen des internationalen Völkerrechts im Kongo

Immer wieder wurden feierlich „Friedensdokumente" unterzeichnet, die das Papier nicht wert waren, auf dem sie gedruckt wurden. Im Kongo ist trotz des teuersten Blauhelmeinsatzes in der Geschichte der UNO noch kein Frieden eingekehrt. Das Flüchtlingsdrama vor allem im Osten und im Zentrum des Landes nimmt seit den letzten zwei Jahren wieder ständig zu. Die Blauhelme waren deshalb oft „zahnlos", weil ihr Mandat meist nur „beobachten" zuließ – und Soldaten sind nun mal nicht ausgebildet, um Frieden zu vermitteln. Erfolgreich können die UN-Soldaten nur sein, wenn die Kriegsursachen und die illegale Plünderung der Rohstoffe beseitigt werden. Der unbestreitbare Verdienst gehört der Expertengruppe der UN, die in geduldiger, jahrelanger wissenschaftlicher Recherchearbeit immer wieder die Hintergründe dieser Plünderungen aufgedeckt hat. Ihre Berichte verschwanden in den Anfangsjahren meist in Schubladen oder wurden, wie 2010, nur aufgrund des angelsächsischen Enthüllungsjournalismus an die Öffentlichkeit gezerrt[57].

Die Weltöffentlichkeit war in den letzten 20 Jahren des internationalen Mineralienkrieges im Kongo vor allem entsetzt über die seit Jahren berichteten Massenvergewaltigungen im Osten des Kongos. Daran waren alle militärischen

---

57 Congo Un-Mapping Report, October 2010.

Einheiten, von den fremden Truppen über die gemischte nationale Armee bis zu UNO-Blauhelmen beteiligt. In den USA hatte sich dagegen schon 2009 eine Lobby aufgebaut, daraus ist letztlich die Dodd-Frank-Initiative entstanden, welche für US-amerikanische Firmen den Import von Rohstoffen aus dem Kongo verbieten möchte, solange kein lückenloser Herkunftsnachweis bestätigt, dass *sie nicht mit Blut befleckt sind.* Fachleute, unter anderem aus Deutschland, arbeiten seitdem an Zertifizierungssystemen, leider bisher ohne Erfolg.

Der Bericht des *Africa Progress Panel* fordert, dass dieser amerikanische Dodd-Frank-Act, der die vollständige Offenlegung von Zahlungen im Rohstoffbereich verlangt, weiter entwickelt werden müsse und appelliert an die EU-Länder und ihre Firmen, vergleichbare Rechtsvorschriften zu ermöglichen. Insbesondere sei eine progressive und akzeptable Neugestaltung des internationalen Handelssystems mit Afrika, insbesondere mit dem Kongo, notwendig.

Der Kongo ist auch deswegen ein Eldorado für multinationale Firmen, für internationales „Mafia"-Business und Kriegsökonomie, weil der Staat seit der Mobutu-Diktatur von einer aus dem Ausland unterstützten und äußerst korrupten und kriminellen Regierung geführt wird. Alle staatlichen Akteure und Institutionen im Kongo sind inzwischen illegal. Hier ist in letzter Zeit durch UN-Experten und Menschenrechtsorganisationen wie Human Rights Watch, Global Witness und weitere Organisationen die katastrophale Lage im Kongo massiv kritisiert worden.

Die UN steht unter erheblichem Druck, ihren bisher teuersten Blauhelmeinsatz zu reduzieren oder zu beenden. Im Februar 2013 wurde in Addis Abeba mit Ländern des zentralen und des südlichen Afrikas ein neues Abkommen geschlossen, welches unter anderem von Mary Robinson als damaliger Sonderbeauftragte der UN entschlossen umgesetzt werden sollte. Es ist bis jetzt, aufgrund enormer internationaler Wirtschaftsinteressen, nichts daraus geworden.

Wenn man den Hinweisen der UN-Expertenberichten in früheren Jahren, nach dem Beginn des internationalen Mineralienkrieges im Kongo 1996, konsequenter nachgegangen wäre, wenn die grausame Kriegsökonomie im Kongo eher in den Brennpunkt geraten wäre und wenn man gegen die östlichen Nachbarn (Ruanda, Uganda, Burundi) rechtzeitig Sanktionen verhängt hätte, wären zweifellos bei den Blauhelmeinsätzen und der Flüchtlingshilfe erhebliche Geldmittel einzusparen gewesen. Aber auch die EU hat lieber die „Entwicklungserfolge" Ruandas und Ugandas gelobt, auch wenn diese durch Kriegsökonomie, Völkermord und Plünderung der Ressourcen im Kongo erreicht wurden. Die EU hätte das jahrelange völkerrechtswidrige Handeln tadeln und unterbinden müssen.

Ursachen der andauernden Fluchtbewegungen in Eritrea

Seit 2013 hat die Fluchtbewegung aus Eritrea stark zugenommen. Von 2009 bis 2013 registrierten die Nachbarländer Äthiopien und Sudan jeweils rund tausend Eritreer im Jahr, die ihr hochmilitarisiertes Land verließen. Seit 2014 sind es drei Mal so viele Menschen im Jahr. Im Oktober 2015 hat die regionale Sicherheitsallianz IGAD (Intergovernmental Authority on Development) allein bis zu tausend Eritreer im Monat registriert, die vor dem lebenslangen Militärdienst und der Repression im Land geflüchtet sind.

Nach Schätzung des Flüchtlingshilfswerks der Vereinten Nationen UNHCR verlassen jeden Monat etwa 5.000 junge Eritreer ihr Land. Sie flüchten vor einer paranoiden, diktatorischen Regierung, die den ursprünglich 18 Monate dauernden Militärdienst inzwischen auf Lebenszeit verlängert hat und die Wehrpflichtigen als Zwangsarbeiter einsetzt.

Die meist jungen Männer flüchten in den Sudan, nach Äthiopien, über Djibouti und den Golf von Aden in den Jemen, obwohl dort seit Frühjahr 2017 Krieg herrscht.

Nach den Syrern, Irakern und Afghanen sind die Eritreer die größte Gruppe geflüchteter Menschen, die es irgendwie bis nach Europa geschafft haben. In Deutschland gehören sie zu den wenigen, die gute Aussichten auf Asyl haben, weil seit dem Sommer 2015 auch der erste Länderbericht des UN-Menschenrechtsrats nur einen Schluss zulässt: In Eritrea ist niemand vor Verfolgung sicher.

Der Staat Eritrea ist 22 Jahre alt. Aber eine Wahl hat es in dem kleinen Land am Horn von Afrika noch nie gegeben. Isayas Afewerki ist seit 22 Jahren Präsident von Eritrea. Zuvor hat er den Freiheitskampf gegen Äthiopien angeführt.

Internationale Menschenrechtsorganisationen wie Amnesty International und Ärzte ohne Grenzen sind der Meinung, dass mit dem Geld für den Sudan, das für die Sicherung der Grenze zu Eritrea ausgegeben wird und dem Versuch, auch mit Eritrea wieder direkt zu kooperieren, Regime stabilisiert werden, die mit ihrer Repression gegen jede Opposition eine Vielzahl von Fluchtursachen schaffen.

Korrupte Regierende und Ausbeutung der Ressourcen Eritreas

Seit ein paar Jahren haben Minenkonzerne aus Kanada, Australien, Russland und China Eritrea entdeckt. Der kanadische Bergbaukonzern Nevsun hat 2007 mit der Regierung in der Hauptstadt Asmara einen Vertrag geschlossen, der Afewerki und seinen Vertrauten in den kommenden zehn Jahren 14 Milliarden Dollar Einnahmen aus der Goldförderung bringen soll. Sunridge Gold Corporation fördert seit 2017 Gold nicht allzu weit von der Hauptstadt entfernt. Die Straße dorthin haben Wehrpflichtige im Arbeitsdienst bauen müssen.

Es gibt offenbar auch wirtschaftlich interessante Vorkommen an Kupfer, Zink, aber auch an seltenen Erden wie beispielsweise Tantal. Vor der Küste werden Öl- und Gasvorkommen vermutet. Die australische Firma Danakali plant die Ausbeutung größerer Kalisalzvorkommen, die zu Düngemittel verarbeitet werden können.

In Eritrea und in vielen afrikanischen Ländern scheint sich das Muster, das aus dem Kongo und anderen afrikanischen Staaten bekannt ist, zu wiederholen: Die korrupten Mächtigen im Land beanspruchen die Einnahmen aus den Rohstoffvorkommen für sich und investieren es nicht in die Entwicklung des Landes.

Die Armut in der Bevölkerung nimmt in Eritrea ständig zu. Die jungen Menschen haben keine Zukunftsperspektiven und keine Chance, dem Militärdienst zu entkommen. Sie versuchen die Flucht.

6 Europäische Antworten auf die Flüchtlingskrise

Jeroen Dijsselbloem, der Sprecher der Euro-Gruppe, ist der Meinung: *„Wir haben keine überzeugenden Europäischen Antworten in der Flüchtlingskrise. Wir müssen unsere Außengrenzen besser kontrollieren."* Er plädierte dafür, *„Not und Elend dort anzugehen, wo die Flüchtlinge herkommen. Wir werden uns viel stärker im mittleren Osten und in Afrika engagieren müssen."*

Er stellt fest: *„Die Flüchtlingskrise und der Terrorismus haben uns schmerzhaft vor Augen geführt, dass die EU Wohlstand und Sicherheit nicht für alle leisten kann, wie wir uns das eigentlich vorstellen würden. Wir spüren, wie die starke Zuwanderung uns unter Druck setzt. Wir müssen nun das soziale Gleichgewicht schützen. Und die EU ist nicht kugelsicher, die Außengrenzen sind bisher nicht stark genug."* Er betonte, dass die Zuwanderung durch Flüchtlinge nicht die demographischen Probleme in Europa lösen könne.[58]

Der Chef der EU-Grenzschutzagentur Frontex, Fabrice Leggeri, bestätigte im Mai 2017, dass die Zahl der Flüchtlinge aus Afrika steigt. *„Aber das sollte uns keine Angst machen. Die Geschichtsbücher sind voll von Völkerwanderungen von Europa nach Afrika und nach Amerika"*, sagte der Chef der EU-Grenzschutzagentur Frontex.

Aus Libyen und Ägypten versuchten sie, Italien zu erreichen. *„Das wird wohl der Schwerpunkt dieses Jahres"*, sagte Leggeri. Er forderte mehr legale Einreisemöglichkeiten nach Europa – *„für schutzbedürftige Menschen, aber auch für jene, die aus wirtschaftlichen Motiven auswandern"*. Der Zuzug von Flüchtlingen nach Europa werde noch lange anhalten, *„weil dessen Ursachen nicht so schnell verschwinden*

---

58 Dagmar Dehmer: Flüchtlingskrise, Europa will in Afrika investieren, in: Der Tagesspiegel, 23.06.2016 https://www.tagesspiegel.de/politik/fluechtlingskrise-europa-will-in-afrika-investieren/13772834.html.

werden", sagte Leggeri mit Blick auf die ökonomischen Kriege von multinationalen Konzernen, die repressiven und korrupten Regime, den Mangel an stabilen Infrastrukturen und dem Fehlen von Rechtsstaatlichkeit in vielen afrikanischen Ländern.

Afrika ist nach den Worten der Bundesregierung die größte Herausforderung für die Europäische Union (EU) in der Migrationspolitik. Die Probleme mit Irak und Syrien könnten in absehbarer Zeit gelöst werden, sagte die Bundeskanzlerin auf dem Wirtschaftstag der CDU in Berlin am 21. Juni 2017. *„Das zentrale Problem ist die Migration aus Afrika. Wir müssen uns zentral mit Afrika beschäftigen"*, forderte sie. *„Ansonsten lasse sich die künftige Migration von Menschen nicht in den Griff bekommen. Wir Europäer haben eine geografisch komplizierte Lage"*, sagte sie mit Blick auf Afrika und den Nahen Osten. Teilen alle die gleichen Sorgen für die Zukunft wie sie?

Perspektive für neue wirtschaftliche Beziehungen mit Afrika

Für eine Neuausrichtung der wirtschaftlichen Beziehungen mit Afrika gibt es Befürworter wie auch Kritiker. So hatte der ehemalige Bundespräsident Horst Köhler am 16. März 2016 im Bundestag gesagt: *„Kein Land kann sich abschotten von den Problemen der Welt und Deutschland, das seinen Wohlstand der Offenheit der Welt verdankt, schon gar nicht."* Köhler wirbt seit Jahren für mehr Investitionen auf dem Nachbarkontinent. Dem schließt sich nun auch die Europäische Investitionsbank (EIB) an. Allerdings sind viele Experten der Meinung, dass diese Investitionen nicht mit korrupten und repressiven Regimen vereinbar sein können. Die aktuelle Fluchtbewegung der jungen Menschen ist unter anderem eine der unmittelbaren Folgen des nationalen und multilateralen Ungleichgewichts in der wirtschaftlichen Zusammenarbeit mit afrikanischen Ländern in den wichtigen Sektoren.

Man müsse aus den Fehlern der Vergangenheit lernen. *„Auf Augenhöhe, gemeinsame Werte und gute Geschäfte"*, seien die wichtigsten Stichworte der neuen, deutschen Afrikastrategie. Endlich sollte es jetzt um *wirtschaftliche Partnerschaften* mit afrikanischen Ländern gehen, und nicht mehr um bloße Ausbeutung der Ressourcen Afrikas, so das Bekenntnis der Bundeskanzlerin Angela Merkel während des Besuches in der nigerianischen Hauptstadt Abuja, anlässlich der im Juli 2017 vereinbarten deutsch-nigerianischen Energiepartnerschaft. Die Reise von Bundeskanzlerin Angela Merkel durch die drei afrikanischen Länder Kenia, Angola und Nigeria war der erste Praxistest der neuen deutsch-afrikanischen Handelsbeziehungen im 21. Jahrhundert. Andreas Mehler, Direktor des Instituts für Afrikastudien am GIGA Hamburg[59], kritisierte im *Tagesspiegel* am 14. Juli 2017 mit Blick auf die Reise der Bundeskanzlerin Angela Merkel: *„Es geht anscheinend um Augenhöhe nur mit afrikanischen Eliten."* Mehler zeigte sich jedenfalls „irritiert" angesichts des Plans, *„bewaffnete Schiffe für den Küstenschutz an Angola zu verkaufen."*

Der Bürgerkrieg liege nicht lange zurück, der Konflikt in Cabinda im Norden des Landes sei nach wie vor nicht ausgestanden und er fragte sich, *„welche Werte da geteilt werden." „Ausgerechnet Angola, dessen damaliger Präsident Jose Eduardos Santos seit mehr als 30 Jahren an der Macht war – nicht gerade eine Musterdemokratie."* Rüstungsgüter an Angola zu verkaufen, findet Mehler schwer verständlich. Das Piraterie-Argument dagegen lässt er gelten. Die Zahl der Angriffe vor allem im Golf von Guinea habe deutlich zugenommen.

Die Bundesregierung verfolgt noch ein zweites Interesse: das Rüstungsgeschäft. *„Afrika soll seine Konflikte möglichst selbst und ohne deutsche Soldaten regeln."* In diesem Kontext wurde auch das geplante Rüstungsgeschäft mit Angola gerechtfertigt. Mit Nigeria gibt es schon lange weitaus intensivere Beziehungen. So bildet die Bundeswehr seit Jahren nigerianische Soldaten für *„Friedenseinsätze der UN und der Afrikanischen Union"* aus. Ähnliches soll nach dem Angola-Besuch auch dort beginnen. Außerdem rechnete die Bundeskanzlerin vor, dass „afrikanische Konfliktprävention" die „Friedenssicherung der Vereinten Nationen" entlasten könne. Davon habe Deutschland auch finanzielle Vorteile. Denn als viertgrößter Beitragszahler für die UN-Blauhelmeinsätze habe Deutschland zwischen 2008 und 2010 knapp 1,3 Milliarden Euro für weltweite UN-Blauhelmeinsätze aufgebracht.

Helmut Asche von der Universität Leipzig findet es eigentlich richtig, dass Deutschland die Wirtschaftsbeziehungen mit Afrika ausbauen will. Der Idee, *„die Entwicklungshilfe in eine wirtschaftliche Partnerschaftsrolle auf Augenhöhe zu bringen",* kann Asche einiges abgewinnen. Engere Wirtschaftsbeziehungen könnten die afrikanischen Staaten zu echten Handelspartnern machen, statt zu fragwürdigen „Hilfeempfängern" zugunsten der korrupten Despoten.

---

59 Das GIGA (German Institute of Global and Area Studies) definiert sich als ein unabhängiges, sozialwissenschaftliches Forschungsinstitut mit Sitz in Hamburg. Es forscht zu politischen, sozialen und wirtschaftlichen Entwicklungen in Afrika, Asien, Lateinamerika und Nahost sowie zu globalen Fragen.

Deshalb lehnten viele afrikanische Experten und ein großer Teil der afrikanischen Elite die widersprüchliche traditionelle Entwicklungspolitik ab.[60] Aus seiner Sicht könnten die Energiepartnerschaften mit Nigeria und Angola beiden Seiten einen Nutzen bringen. Auch die Kanzlerin hat darauf in Abuja hingewiesen. Die Energiepartnerschaft helfe nicht nur Nigeria beim Aufbau einer stabilen Stromversorgung. *„Sie zielt auch darauf, durch den Ausbau der Beziehungen die Versorgungssicherheit Deutschlands bei Erdgas und Erdöl zu steigern"*, so die Bundeskanzlerin.

---

60 Ein besonderes Beispiel dafür ist Axelle Kabou, eine aus Kamerun stammende und in Frankreich lebende Journalistin, Autorin des Taschenbuches: Weder arm noch ohnmächtig. Eine Streitschrift gegen schwarze Eliten und weiße Helfer. Lenos Verlag, Basel, 1993. In ihrer provozierenden Analyse rechnet die Kamerunerin Axelle Kabou mit den afrikanischen Eliten ab. Die Kapitalspritzen an korrupte Regierungen werden daran nichts ändern können. Man müsste zunächst nur gute Regierungsführung unterstützen und damit die nach der Unabhängigkeit entstandene afrikanische Mentalität der korrupten und kriminellen Despoten entgiften, die Uhren richtig stellen und die Regierungen in Afrika mit ihrer Verantwortung konfrontieren. Axelle Kabou und viele andere sind der Meinung *„die einzige Entwicklungshilfe würde dann bedeuten, dass die afrikanische Elite von der Erwartungen ihrer Bevölkerungen ermutigt wird, zunächst die psychologischen Vorbedingungen zu schaffen, damit die Idee des Wandels auf guten Boden fällt."*

7 Lösungen und Maßnahmen gegen Flüchtlingsströme

Die zunehmenden Fluchtbewegungen stellen weltweit eine große gesellschaftliche Herausforderung in den Aufnahmeländern dar. Es ist notwendig, in verantwortungsvoller Weise die Ursachen der Fluchtbewegungen ganzer Völker oder Volksgruppen deutlicher zu identifizieren und sich für die Beseitigung effektiver einzusetzen. Diese humanitäre Krise betrifft, wie vorher erwähnt, über 65 Millionen Menschen weltweit. Der Zustrom nach Europa nimmt nicht ab. Die hier vorgestellten Lösungsvorschläge sind keinesfalls als umfassend zu betrachten. Der erste Schritt zu Maßnahmen müssten zum Beispiel die Einhaltung und Durchsetzung des internationalen Völkerrechts für alle Betroffenen sein, um die Straflosigkeit der Verbrecher zu beenden und die Wiedergutmachung sowie die Versöhnung zwischen Ländern und Völkern zu ermöglichen. So könnten geflüchtete Menschen freiwillig in ihre Heimat zurückkehren.

Im Kongo wie auch in vielen anderen afrikanischen Ländern ist der Aufbau eines Rechtsstaates dringend erforderlich. Dies würde die Herstellung von Sicherheit, den Aufbau demokratischer Strukturen und einer unabhängigen Justiz sowie die landesweite Gewährleistung von Steuer- und Finanzhoheit durch den Staat bedeuten. Dazu gehören eine gute Regierungsführung ebenso wie auch der Aufbau eines modernen Gesundheits- und Bildungssystems. Ohne demokratische Strukturen und eine rechtsstaatliche Ordnung werden jede Reform und alle Maßnahmen für nachhaltigen Frieden und Stabilität scheitern, und es wird keine soziale Sicherheit geben und keine transparente internationale Zusammenarbeit mit diesen Staaten in der Postkolonialzeit möglich sein. Stabilität und eine verantwortungsvolle Regierungsführung ist in afrikanischen Ländern erforderlich, um der Bevölkerung, insbesondere jungen Menschen, eine Lebensperspektive anzubieten und Massenflucht zu verhindern. Die Partnerschaft mit afrikanischen Ländern im Bereich Wirtschaft und Entwicklung muss deshalb auf dem Prinzip „Null Toleranz für korrupte und repressive Regierungen" basieren und international mit Hilfe von Initiativen durchgesetzt werden, die diesem Prinzip verpflichtet sind.

Herstellung rechtsstaatlicher Strukturen in afrikanischen Ländern

Man kann sechs wichtige Eckpunkte ausmachen, die das Funktionieren der elementaren Staatstrukturen in afrikanischen Ländern bestimmen sollten:

1. **Verfassung:** Die Verfassung eines Landes stellt den rechtlichen Rahmen für das Zusammenleben fest und schützt vor staatlicher Willkür. So hat zum Beispiel Ghana seit 1992 eine Verfassung, die sich zu den Menschenrechten und Grundfreiheiten bekennt, in der Legislative, Exekutive und Judikative voneinander getrennt sind und Wahlen durch das oberste Gericht überprüft werden können.

2. **Demokratische Strukturen:** Mehrere Parteien, ein Parlament, das der Verfassung verpflichtet ist, eine unabhängige Justiz, eine funktionierende Verwaltung und unabhängige Medien kennzeichnen eine Demokratie. Der Aufbau demokratischer Strukturen nach dem Bürgerkrieg in dem westafrikanischen Land Sierra Leone gilt international als erfolgversprechend. Allerdings ist es trotz dieser Strukturen noch nicht gelungen, die Gewinne aus den Rohstoffen zur Entwicklung des Landes zu nutzen.

3. **Die Justiz:** Ein starkes und von der Regierung unabhängiges Rechtssystem, reguliert durch einen Obersten Gerichtshof, schützt eine Bevölkerung vor staatlicher Willkür. Das gibt es zum Beispiel in Südafrika. Das Verfassungsgericht in Johannesburg hat Anklage wegen Korruption gegen Staatspräsident Jacob Zuma erhoben, der schließlich zurücktreten musste.[61]

4. **Unabhängige Wahlen:** Eine unabhängige nationale Wahlkommission muss die Wahlen vorbereiten und sie nach demokratischen Standards durchführen. Sie muss verschiedene Parteien und Kandidaten zur Wahl zulassen, die Stimmabgabe aller Stimmberechtigten ermöglichen und internationale Wahlbeobachter zulassen. So waren bei den Präsidentschaftswahlen in Liberia im Herbst 2017 Wahlbeobachter aus verschiedenen Ländern anwesend und konnten eine freie und faire Wahl bestätigen.

5. **Pressefreiheit:** Presse- und Meinungsfreiheit muss durch unterschiedliche Medien, die keiner staatlichen Kontrolle unterliegen, gewährleistet sein. Meinungsäußerungen dürfen nicht von staatlicher Seite durch Repressalien unter-

---

61 Reichel, Detlev: Verfassungsgericht tadelt Untätigkeit des Parlaments und fordert zum Handeln gegen Präsidenten Zuma auf, in: Sudafrika-Portal, Pretoria, 30.Dezember 2017: https://2010sdafrika.wordpress.com/tag/verfassungsgericht/

drückt werden. In vielen afrikanischen Ländern gibt es nur staatlich kontrollierte Medien, die ausschließlich Propaganda verbreiten.

6. **Sicherheit:** Die Einrichtungen zur Sicherheit eines Landes (Polizei, Militär, Geheimdienst) müssen der Sicherheit und dem friedlichen Zusammenleben seiner Bewohner und der Stabilität des Staates dienen.

Diese sechs Eckpunkte staatlicher Strukturen sind bei vielen Regierungen in afrikanischen Ländern massiv durch Korruption in Frage gestellt und faktisch außer Kraft gesetzt. Die Rechtsstaatlichkeit ist in vielen Ländern noch sehr gering entwickelt. Dennoch ist darauf hinzuweisen, dass Demokratie immer auch eine Frage der politischen und menschlichen Verantwortung ist.

Im Kongo zum Beispiel fehlen rechtstaatliche und demokratische Strukturen völlig, es fehlt aber auch die internationale Solidarität, das heißt in der internationalen Zusammenarbeit werden diese Werte nicht eingefordert. Anfang des Jahres 2018 ist das politische Handeln im Kongo von hoher Kriminalität, Despotismus und Willkür der Herrschenden geprägt. Der illegale Handel mit den Rohstoffen des Landes, an dem sich die Regierenden bereichern, ist eine alltägliche Tatsache. Dies führt wiederum zu unbeschreiblicher Armut und Elend eines großen Anteils der Bevölkerung. All dies muss beseitigt werden, um Flüchtlingsströme einzudämmen. Eine gute Regierungsführung muss ermöglicht werden, weil despotische Regierungen und ihre Verbündeten immer ihre eigenen Interessen und nicht das Gemeinwohl im Blick haben. Die internationale Gemeinschaft müsste die Unterstützung dieser kriminellen Regierungen komplett einstellen und demokratische Kräfte stärken. Ein erster Schritt nach zu vielen Debatten und zahlreichen „Friedensabkommen" wäre es, wenn die Bundesrepublik Deutschland ihren Einfluss auf die EU-Mitgliedsstaaten ausüben würde, um das neu von der US-Administration erlasse Frank-Dodd-Finanzgesetz durchzusetzen.

Konsequenzen für die korrupten Regierungen

Die gesamte EU-Handelspolitik mit afrikanischen Ländern muss fundierten Reformen beziehungsweise einer Revision unterzogen werden. Diese muss gegen massive Widerstände auch in Deutschland, den meisten anderen EU-Staaten und der EU-Kommission durchgesetzt werden. Wenn Deutschland dafür sorgt, dass Geldflüsse der korrupten afrikanischen Eliten nach Europa sehr viel genauer überwacht werden als bisher, dann wird auch die deutsche Entwicklungshilfepolitik effizient und glaubwürdig. Afrika leidet nicht unter Ressourcen- und Geldmangel. Es leidet darunter, dass viele nationale Gelder und Vermögen in Milliardenhöhen von korrupten Eliten in Steueroasen gebracht werden und der Entwicklung der Länder nicht zugutekommen[62]. Solange die notwendigen Reformen blockiert werden, haben es die afrikanischen korrupten Regierungsführungen leicht, Milliarden auf Konten in den Steueroasen und auf Kosten ihrer Bevölkerungen illegal und willkürlich zu transferieren. Auch die aggressive Steuervermeidung multinationaler Konzerne wird von Organisationen wie Greenpeace und *Gobal Witness* beklagt, internationale Abkommen dazu kommen nur schleppend voran. Ohne durchgreifende Maßnahmen wird es bei den Verlusten von über 50 Milliarden Dollar jährlich für die Afrikaner bleiben, die überwiegend durch nicht entrichtete Steuern internationaler Konzerne verloren gehen[63]. Die deutsche Politik sollte sich eindeutig zu einer Stärkung des *Committee on World Food Security* (CFS)[64] bekennen. Die auf Ernährungssicherung ausgerichtete Unterorganisation der Vereinten Nationen hat das explizite Mandat für die internationale Koordinierung im Bereich Landwirtschaft und Ernährung.

Auch das Thema Landraub[65] muss klar und deutlich angesprochen werden. Mit Landraub ist das Vorgehen internationaler Konzerne gemeint, die riesige Landflächen für sehr wenig Geld für die industrielle Produktion etwa von Palmöl, Kakao oder anderen landwirtschaftlichen Produkten aufkaufen, ohne dass die darauf lebende Bevölkerung angemessen entschädigt würde oder Ausgleichsflächen für die eigene Landwirtschaft bekäme. Dies führt Afrika in Zeiten des Kolonialismus zurück, anstatt es auf einen Weg in eine nachhaltige und selbstbestimmte Zukunft zu bringen. Traditionelle, kleinbäuerliche und biologische Landwirtschaft muss gefördert werden, um die langfristige Nahrungssicherung und Beschäftigung zu gewährleisten und Menschen im ländlichen Raum zu halten. Das wäre nicht nur ein Beitrag gegen Landflucht in vielen afrikanischen

---

62 Die Panama Papers haben gezeigt, wie leicht im Schutz der Anonymität auch in Deutschland Geld versteckt werden kann.

63 Wie vorher in diesem Buch erwähnt, veröffentlichte im Mai 2013 in Südafrika die Expertengruppe des *Africa Progress Panel*, an dem der ehemalige UN-Generalsekretär Kofi Annan mitwirkte, eine Studie, die u. a. darlegt, *„dass Afrika jährlich durch rechtswidrigen Kapitalabfluss mehr als zweimal so viel finanzielle Mittel verliert als durch Entwicklungshilfe auf den Kontinent an despotischen Regierungsmitgliedern fließen".*

64 Der Ausschuss für Welternährungssicherheit (CFS) wurde 1974 als zwischenstaatliches Gremium eingerichtet, das als Forum im Rahmen des Systems der Vereinten Nationen für die Überprüfung und Weiterverfolgung von Maßnahmen im Bereich der weltweiten Ernährungssicherheit einschließlich der Produktion sowie des physischen und wirtschaftlichen Zugangs zu Nahrungsmitteln dienen soll.

65 Moyo, Jeffrey: AFRIKA: Landraub nach Kolonialherrenart – Land Grabs und Vertreibungen nehmen zu, in: NEOPresse Wirtschaft, Harare 10. April 2015 http://www.neopresse.com/wirtschaft/afrika-landraub-nach-kolonialherrenart-land-grabs-und-vertreibungen-nehmen-zu/
NeoPresse.com alarmierte die Weltöffentlichkeit bereits in 2015: *„In Afrika nimmt die Zahl der Zwangsvertreibungen in Verbindung mit dem Phänomen des Land Grabbing zu. So muss eine wachsende Mehrheit von Menschen ihre Farmen verlassen, um einer Minderheit einflussreicher Politiker, Unternehmer und Konzerne Platz zu machen, die Böden und Immobilien verschachern."*

Ländern, sondern würde auch die Flucht vieler Menschen aus Afrika nach Europa vermieden.

Transparenz in der Rohstoffwirtschaft verhindert Kriegsökonomie

In vielen afrikanischen Ländern, zum Beispiel im Kongo, Angola, Nigeria oder Elfenbeinküste, könnten durch die Bewirtschaftung der natürlichen Ressourcen Einnahmen erzielt werden, die für das Wirtschaftswachstum und die soziale Entwicklung bedeutsam sind. Um zu gewährleisten, dass die Erlöse aus der Rohstoffgewinnung eines Landes der Bevölkerung zugutekommen, ist Transparenz im Hinblick auf die Bewirtschaftung der Ressourcen eine wichtige Voraussetzung. Die Initiative zur Verbesserung der Transparenz in der Rohstoffindustrie (*Extractive Industries Transparency Initiative*, EITI) ist eine globale Initiative für mehr Finanztransparenz und Rechenschaftspflicht bei der Erfassung und Offenlegung von Einnahmen, die beim Abbau von natürlichen Rohstoffvorkommen entstehen. Öffentlich zugängliche Informationen würden eine sachkundige Debatte über das Management und die Nutzung der natürlichen Ressourcen fördern.[66] So können die Bürger eines Landes die Verantwortlichen in Politik und Wirtschaft besser zur Rechenschaft ziehen. Der Standard wird weltweit in rund 50 Ländern von Regierungen in Zusammenarbeit mit Unternehmen und der Zivilgesellschaft umgesetzt. Dabei sind Informationen über Steuerzahlungen, Lizenzen, Fördermengen und andere wichtige Daten rund um die Förderung von Energie- und mineralischen Rohstoffen offenzulegen.

Eine andere wichtige internationale Initiative ist der *Kimberley-Prozess*. In der südafrikanischen Stadt Kimberley kamen Diamanten produzierende Länder zusammen, um den Handel mit „Blutdiamanten", die viele Kriege finanzierten, zu verhindern. Die Rohdiamanten werden zertifiziert und solche ohne Zertifikat vom internationalen Handel ausgeschlossen. Der Kimberley-Prozess ist eine Selbstverpflichtung der beteiligten Länder und immer noch anfällig für Missbrauch.[67] Es gibt inzwischen Überlegungen, dem Prozess eine andere Richtung zu geben. Es sollen nicht nur „Blutdiamanten" vom Handel ausgeschlossen werden, sondern es sollen „Friedensdiamanten" zertifiziert werden. Der angestoßene Pro-

---

66 Internationale und kongolesische Organisationen haben auch viele Initiativen für die Beseitigung der Kriegswirtschaft im Kongo entworfen. Rapports de Human Rights Watch: Initiatives Internationales pour Aborder le Problème de l'Exploitation des Ressources en R.D. Congo: http://pantheon.hrw.org/legacy/french/reports/2005/drc0505/12.htm.

67 https://www.boell.de/de/internationalepolitik/afrika-diamanten-und-menschenrechte-der-kimberleyprozess-auf-dem-pruefstand-13188.html.

zess soll also zu einem System weiterentwickelt werden, das auch soziale oder ökologische Fragen thematisiert.

Die Reaktion der deutschen Regierung: Der *Marshall Plan mit Afrika*[68]

In den letzten vier Jahren hat die Bundesregierung die Entwicklungszusammenarbeit mit den Ländern Afrikas neu aufgestellt. *„Wir brauchen einen Paradigmenwechsel und müssen begreifen, dass Afrika nicht der Kontinent billiger Ressourcen ist, sondern die Menschen dort Infrastruktur und Zukunft benötigen"*, so Bundesentwicklungsminister Gerd Müller. Die Eckpunkte für einen *„Marshallplan mit Afrika"* hatte das Bundesministerium für wirtschaftliche Zusammenarbeit und Entwicklung (BMZ) Anfang 2017 im Rahmen eines Online-Dialogs mit Wirtschaft, Wissenschaft, Kirchen, Gesellschaft und Politik zur Diskussion gestellt. Bei der vom BMZ gestellten Diskussion über die wirtschaftliche Beziehung und die Zusammenarbeit mit afrikanischen Ländern entstanden eine Fülle von Anregungen und neue Ideen für Impulse in der wirtschaftlichen Zusammenarbeit.

Der von Entwicklungsminister Gerd Müller vorgelegte *Marshallplan mit Afrika* ist ein bemerkenswertes Dokument. Er leitet einen Paradigmenwechsel in den Europäisch-afrikanischen Beziehungen ein, weil die Länder Afrikas als Partner gesehen werden und Projekte im Hinblick auf die Entwicklung gemeinsam aufgesetzt werden. Es geht nicht nur um rein wirtschaftliche Interessen, sondern auch um soziales Gleichgewicht. Deutsche Hilfsorganisationen wie Misereor, Brot für die Welt und Caritas international verfolgen diesen Ansatz bereits seit vielen Jahren.

Fairer Handel statt freien Handels[69]

Dieser Marschallplan mit Afrika fordert, die Investitionsschutzabkommen stets zu überprüfen und entwicklungsorientiert den Aufbau der Infrastrukturen zu modernisieren. Er spricht sich unter anderem dafür aus, die Wertschöpfung im Land zu fördern, Arbeitsplätze in Afrika zu schaffen, illegale Finanzströme und

---

68 Der *Marshallplan mit Afrika* ist eine politische Initiative des Bundesministerium für wirtschaftliche Zusammenarbeit und Entwicklung (BMZ), die auf Entwicklungsminister Gerd Müller zurückgeht. Der Plan basiert auf drei Säulen: 1. Wirtschaft, Handel und Beschäftigung, 2. Frieden, Sicherheit und Stabilität und 3. Demokratie, Rechtsstaatlichkeit und Menschenrechte. Der Fokus liegt auf der Verbesserung und Ausweitung der wirtschaftlichen Zusammenarbeit, nach dem Motto *fairen Handels statt freien Handels.*
69 Viele Experten sind der Meinung, dass der General-Akte der Berliner Konferenz vom 26. Februar 1885 (auch als General-Akte der Berliner Kongokonferenz 1884–1885 bekannt) durch den *Marschallplan mit Afrika* ersetzt werden muss, um angemessene Verhältnisse und adäquate Zusammenarbeit mit den afrikanischen

massive Vermeidung von Steuern zu stoppen. Es wird eine neue Partnerschaft angekündigt, die dem anderen nichts aufzwingt, auch soll kein Zwang in Handelsabkommen erlaubt sein. Partnerschaften zwischen europäischen und afrikanischen Ländern in der Post-Kolonialzeit wurden schon oft angekündigt, sie sind alle gescheitert, weil es genau an diesen Grundsätzen fehlte. Die Schwerpunkte sind richtig gesetzt: Jobs und Chancen für die Jugend voranbringen, Investitionen fördern, eine mittelständische Wirtschaft unterstützen, Wertschöpfung statt Ausbeutung und Rechtsstaatlichkeit und Menschenrechte durchsetzen. Bemerkenswert ist auch das ehrliche Eingeständnis, dass *„Europa über Jahrzehnte seine Afrikapolitik häufig an kurzfristigen Wirtschafts- und Handelsinteressen ausgerichtet hat"*. Leider hat die EU die Grundsätze des deutschen *Marschallplans mit Afrika* immer noch nicht übernommen. Die Handelspolitik der EU nützt nur bestimmten Wirtschaftssektoren der EU, aber nicht den Menschen in Afrika. Darüber hinaus haben die Agrarexporte der EU weite Teile der Landwirtschaft und dem ländlichen Raum in Afrika schwer geschadet. Sie müssen drastisch zurückgeführt werden. Denn Minister Gerd Müller hat Recht, wenn er sagt: *„Afrika könnte sich selbst ernähren, stattdessen gibt Afrika jährlich 35 Milliarden US-Dollar für den Import von Lebensmitteln aus und ein Großteil dieser Summe wandert nach Europa. Im ländlichen Raum liegt die Zukunft Afrikas."*

Umweltschutz gegen Klimawandel

Wenn Nachhaltigkeit sowie Umwelt- und Naturschutz und die Erhaltung der Biodiversität bereits bei der Planung von Maßnahmen stärker berücksichtigt und benannt würden, könnte der Marshallplan mit Afrika an Bedeutung und Glaubwürdigkeit gewinnen. So werden der Einfluss durch das schnelle Ausbeuten und Abholzen tropischer Wälder auf internationaler Ebene kaum thematisiert. Jedoch leidet Afrika zunehmend an Zivilisationsmüll, an Wasserverschmutzung, der Schädigung der Umwelt durch den Abbau von Bodenschätzen und die Verwendung von Umweltgiften in der Landwirtschaft Die Konsequenzen für Menschen, Tiere und Umwelt sind verheerend. Die Dürren in der Sahelzone, im Osten und im Süden Afrikas sind ebenso auf den Klimawandel zurückzuführen wie Überschwemmungen in West- und Zentralafrika. Der Marshallplan müsste zum Beispiel auch bedeuten, dass Deutschland verbindlich ankündigt, neuen Fischereiabkommen der EU mit afrikanischen Ländern nicht mehr zuzustimmen. Die Europäischen Flotten erlauben, die Meere vor den Küsten Afrikas leer zu fischen

---

Ländern herstellen zu können. Wichtig dabei ist, dass internationale Firmen, darunter auch viele deutschen Firmen, die im Kongo bei der Ausplünderung der Ressourcen beteiligt sind, diesen Paradigmenwechsel des Marschallplans mit Afrika in der Handelbeziehung mit den afrikanischen Ländern in die Tat umsetzen.

und überweisen dafür einige Millionen an die korrupten Staatskassen, von denen die betroffene Bevölkerung und Kleinfischer, die keine Lebensgrundlage mehr haben, nicht profitieren. Internationale Investoren müssen in die Pflicht genommen werden, ihre Unternehmungen an internationalen Standards auszurichten, Arbeitnehmerrechte zu respektieren und Umweltschutzauflagen zu erfüllen. Das Recht zur Nutzung muss immer auch die Pflicht zur Investition in den Schutz der Ressourcen beinhalten. Das würde zum Beispiel bedeuten, dass Kakao- und Kaffee-Produzenten angehalten werden, die durch die intensive Bewirtschaftung ausgebeuteten Böden mit natürlichen Wäldern wieder aufzuforsten. Die Einbeziehung der Privatwirtschaft ist notwendig, unter der Bedingung, dass sowohl die ökologischen (Ressourcenschutz, Bodenfruchtbarkeit), die lokalen ökonomischen (Kaufkraft der Bevölkerung, Qualifikationsniveau bei neuen Arbeitsplätzen) als auch sozialen Aspekte (Arbeitnehmerrechte, Gesundheitsvorsorge, Geschlechtergerechtigkeit) ausreichend berücksichtigt werden. Nur so kann Nachhaltigkeit in allen Bereichen gewährleistet werden. Für seinen *Marschall Plan mit Afrika* vertritt das Bundesministerium für wirtschaftliche Zusammenarbeit und Entwicklung (BMZ) unter anderem die Auffassung:

> *„Viele der Herausforderungen, vor denen wir heute weltweit stehen, können nur in Zusammenarbeit mit starken afrikanischen Staaten gelöst werden. Afrika bietet einmalige Chancen dafür, das Potenzial auf dem Kontinent ist groß: (…) 2035 wird Afrika das größte Arbeitskräftepotenzial weltweit haben. Hier wachsen die globalen Märkte, die Kunden und Mitarbeiter der Zukunft heran."*[70]

---

70 Für ausführliche Informationen dazu lesen Sie „Neue Partnerschaft für Entwicklung, Frieden und Zukunft. Ein Marshallplan mit Afrika" vom Bundesministerium für wirtschaftliche Zusammenarbeit und Entwicklung (BMZ), Februar 2017.

8 Asylsozialberatung der Caritas

2015 kamen 890.000 Menschen, 2016 waren es etwa 280.000. Selbst wenn im Jahr 2017 deutlich weniger Geflüchtete nach Deutschland kamen, war auch Anfang 2018 Umfragen zufolge die Flüchtlingsthematik bei den Bundesbürgern immer noch das beherrschende gesellschaftliche Anliegen. Im Easy-System, das auf Registrierungen durch die Bundesländer beruht, wurden im Jahr 2016 knapp 305.000 neue Asylsuchende in Deutschland erfasst. Allerdings gilt die Easy-Eintragung aufgrund von Fehl- und Mehrfacherfassungen als zu hoch. Die tatsächliche Zahl der Neuankömmlinge im Jahr 2016 wurde nach Angaben der Bundespolizei auf etwa 280.000 geschätzt[71].

Die Herkunftsländer der Geflüchteten waren hauptsächlich Syrien[72], Afghanistan, Irak, Iran und Eritrea. Der große Andrang nach Deutschland lässt seit der Schließung der Balkanroute deutlich nach: Die Zahl der neuankommenden Asylsuchenden sank bereits im Jahr 2016 deutlich und 2017 noch einmal weiter. Die Anzahl der Asylanträge nahm ebenfalls ab. Nur in einem Bereich gab es eine deutliche Zunahme. Die Zahl der Asylbewerber, die 2016 der freiwilligen Rückkehr in ihre Heimatländer zustimmten, vor allem aus Balkanländern, stieg deutlich an. Auch die Zahl der Abschiebungen hat zugenommen. Im Jahr 2016 wurden 23.750 Personen bis Ende November abgeschoben. Das sind mehr als im gesamten Jahr 2015 mit 20.888 Abschiebungen und mehr als doppelt so viele wie 2014 (10.884). Die meisten Personen wurden aus Nordrhein-Westfalen in ihr Heimatland zurückgebracht (4.662), gefolgt von Baden-Württemberg (3.399), Bayern (3.084) und in größerem Abstand Berlin (1.963).[73]

---

71 Schlüsselzahlen Asyl 2016, Bundesamt für Migration und Flüchtlinge, Stand Januar 2017.
72 Seit 2011 herrscht in Syrien Bürgerkrieg. Infolgedessen haben nach Angaben des UNHCR rund 4,9 Millionen Menschen das Land verlassen (Stand: Februar 2017). Die meisten von ihnen befinden sich in den angrenzenden Staaten: Libanon, Jordanien, Türkei und Ägypten. Nur ein kleiner Teil von ihnen ist nach Europa geflohen. In der Bundesrepublik leben inzwischen rund zwölf Prozent aller syrischen Flüchtlinge.
73 Aktuelle Asylstatistik Deutschland: Asylgeschäftsbericht 02/2017, Statistiken rund um Asyl, Migration und Integration in Deutschland, BAMF, 09.03.2017.

Laut Bundesinnenministerium wurden bislang über 54.000 Ausländer in das Rückkehrprogramm aufgenommen. Insbesondere Migranten ohne Bleiberecht und Asylbewerber vor einer Entscheidung ihrer Verfahren kehrten in ihre Heimat zurück. Rund 55.000 Menschen seien im Jahr 2016 mit finanzieller Unterstützung Deutschlands zurückgereist, berichtete unter Berufung auf Schätzungen das Bundesamt für Migration und Flüchtlinge (BAMF) im März 2017. Die meisten freiwilligen Rückkehrer stammten demnach vom Westbalkan. Die Zahl könnte weiter steigen, denn es soll mehr Menschen geben, die sich für die Rückkehr melden. Trotzdem erreichte die Zahl der freiwilligen Rückkehrer unter Asylbewerbern und Migranten schon im Jahr 2016 den höchsten Stand seit 16 Jahren.

Insgesamt wurden 745.545 Asylanträge[74] für das gesamte Jahr 2016 gestellt. Zum großen Teil handelte es sich dabei um 2015 eingereiste Personen. 615.500 Anträge wurden entschieden. Im November 2016 wurden nur noch 26.438 Anträge gestellt, was einem Rückgang um gut 54 Prozent im Vergleich zum Vorjahresmonat entspricht. Seit Dezember 2016 nimmt aber die Zahl der Asylanträge stetig ab. Da inzwischen pro Monat mehr Anträge bearbeitet als eingereicht werden, wird der Berg unerledigter Fälle immer kleiner:

Im Jahr 2017 wurden 222.683 Anträge entgegengenommen. Gegenüber dem Vergleichszeitraum im Vorjahr (745.545 Personen) bedeutet dies einen Rückgang um 70,1 Prozent. Insgesamt erhielten 123.909 Personen im Jahr 2017 die Rechtsstellung eines Flüchtlings nach der Genfer Konvention (20,5 Prozent aller Asylbewerber). Zudem erhielten 98.074 Personen (16,3 Prozent) subsidiären Schutz und 39.659 Personen (6,6 Prozent) Abschiebungsschutz. Abgelehnt wurden die Anträge von 232.307 Personen (38,5 Prozent), anderweitig erledigt von 109.479 Personen (18,1 Prozent).

Im Dezember 2017 wurden beim Bundesamt für Migration und Flüchtlinge insgesamt 14.293 Asylanträge gestellt. Damit ist die Zahl der Asylbewerber gegenüber dem Vorjahresmonat um 6.282 Personen (-30,5 Prozent) gesunken. Im Vergleich zum Vormonat sank die Anzahl an Asylanträgen um 4.418 Personen (-23,6 Prozent). Das Bundesamt hat im Dezember 2017 über die Anträge von 25.414 Personen (Vorjahresmonat: 80.638, Vormonat: 33.772) entschieden.

---

74 Entwicklung der Asylanträge seit 1953, Bundesamt für Migration und Flüchtlinge, Schüsselzahlen Asyl 2016. Die statistische Entwicklung in Zahlen und graphischer Darstellung finden Sie im Annex.

Abgelehnt wurden im Dezember 2017 die Anträge von 9.236 Personen (36,3 Prozent). Abschließend bearbeitet (zum Beispiel durch Dublin-Verfahren[75] oder Verfahrenseinstellungen wegen Rücknahme des Asylantrages) wurden die Anträge von 6.770 Personen (26,6 Prozent). 4.431 Personen erhielten die Rechtsstellung eines Flüchtlings nach der Genfer Flüchtlingskonvention[76] (17,5 Prozent aller Asylentscheidungen), 3.452 Personen (13,6 Prozent) subsidiären Schutz und 1.525 Personen (6,0 Prozent) Abschiebungsschutz. In dem Zeitraum von Januar bis Dezember 2017 wurde ein Zugang von 186.644 Asylsuchenden nach Deutschland registriert.[77]

Asylsozialberatung und Hilfsangebote für Schutzsuchende

Nach oftmals monatelanger, ja jahrelanger Flucht kommen die Asylbewerber in der Erstaufnahmeeinrichtung das erste Mal in Deutschland etwas zur Ruhe und treten in Kontakt mit der deutschen Kultur, den deutschen Werten und dem deutschen Hilfesystem. Dieser erste Kontakt ist für die Asylbewerber prägend, weshalb eine hohe Verantwortung bei den Caritas-Mitarbeitern der Asylsozial- und Migrationsberatung liegt. Es ist von großer Wichtigkeit, dass die Asylsuchenden als Individuen mit eigenen Bedürfnissen und einem eigenen kulturellen Hintergrund angenommen werden und ihnen in der kurzen Beratungszeit ein Gefühl von Vertrauen vermittelt wird. In der Zeit der Flucht konnten sie niemandem vertrauen und dadurch haben viele das Vertrauen völlig verloren. Die Caritas-Mitarbeiter in der Migrations- und Asylsozialberatung repräsentieren daher in den Caritas-Beratungszentren die Willkommenskultur Deutschlands direkt an der Basis.

Zu den Hauptaufgaben der Asyl- und Migrationsberatung gehören vor allem in der ersten Orientierungsphase die Beratung in Fragen rund um das Asylverfahren, Informationen über das deutsche Rechtssystem und die Vermittlung in verschiedene soziale Hilfsdienste, zu Ärzten und Krankenhäusern, zum Jobcenter sowie zu staatlichen Ämtern, Sprachinstituten und Schulen.

---

75 Im Dublin-Verfahren wird festgestellt, welcher europäische Staat für die Prüfung eines Asylantrages zuständig ist. Damit soll sichergestellt werden, dass jeder Asylantrag, der in der EU, Norwegen, Island, der Schweiz und in Liechtenstein gestellt wird, inhaltlich geprüft wird, und zwar durch nur einen Staat.
76 Die Genfer Flüchtlingskonvention legt fest, wer ein Flüchtling ist, und welchen rechtlichen Schutz, welche Hilfe und welche sozialen Rechte der Flüchtling von den Unterzeichnerstaaten erhalten sollte. Aber sie definiert auch die Pflichten, die ein Flüchtling dem Gastland gegenüber erfüllen muss, und schließt bestimmte Gruppen (wie Kriegsverbrecher) vom Flüchtlingsstatus aus.
77 BAMF Asylgeschäftsstatistik: Jahresbilanz 2017.

Die Berater unterstützen die Schutzsuchenden bei Familienanliegen durch Beratung bei Familienzusammenführungen und Familiennachzug, Erziehungs- und Eheproblemen und vermitteln an entsprechende Einrichtungen weiter. Auch bei psychischen Problemen der Schutzsuchenden sind die Berater gefragt und leisten zusätzlich Krisenintervention bei Schwierigkeiten in der Unterkunft. Die Caritas bietet mit ihrer Asylsozial- und Migrationsberatung und der Koordination der Arbeit der Ehrenamtlichen auch Hilfestellung zur kulturellen und lokalen Orientierung in Deutschland. Sie fördert die Vernetzung und den Informationsaustausch mit Ehrenamtlichen, was letztlich wieder den Schutzsuchenden zugutekommt.

Spezielle Betreuung unbegleiteter minderjähriger Flüchtlinge

Die Caritas als einer der größten Wohlfahrtsverbände verfügt über eine mehr als 25-jährige Erfahrung in der stationären Jugendhilfe und in der Betreuung von Flüchtlingen. Im November 2015 segnete Kardinal Reinhard Marx eine neue Einrichtung für schwer traumatisierte, jugendliche Flüchtlinge in München. Eine stationäre Einrichtung des katholischen Wohlfahrtsverbands in der Region München für unbegleitete minderjährige Flüchtlinge ist das ALVENI-Jugendhaus im Münchner Stadtteil Fasanerie. Auch in Außenwohngruppen und Jugendheimen werden junge Flüchtlinge von der Caritas betreut. Im September 2016 öffnete in Gilching bei München ein Caritas-Haus für unbegleitete minderjährige Flüchtlinge. Das neue Jugendhaus ist dem Therapeutischen Zentrum für Jugendhilfe der Caritas in Gauting angegliedert.

Auch in Fürstenfeldbruck verfügt die Caritas über ein Alveni-Jugendhaus für männliche Jugendliche aus Ländern wie Afghanistan, Eritrea, Syrien oder Somalia. Diese jungen Flüchtlinge gehen bereits kurz nach ihrer Ankunft in die Schule und manche können schon nach einem Jahr eine Ausbildung beginnen. Sie werden von pädagogischen Fachkräften, SozialarbeiterInnen, PsychologInnen und ErzieherInnen auf ihrem Weg in die Selbstständigkeit begleitet. Manche der jugendlichen Flüchtlinge benötigten jedoch aufgrund von Traumatisierung intensivere Betreuung. Die jungen Leute besuchen in der Regel eine Klasse für Asylbewerber und Flüchtlinge an der Berufsschule, um Deutsch zu lernen und sich auf eine Ausbildung vorzubereiten. Allein bei der Caritas im Erzbistum München und Freising betreuen und begleiten Mitarbeitende in Voll- und Teilzeit etwa 150 unbegleitete minderjährige Flüchtlinge.

Orientierung zur Selbständigkeit und direkte Hilfe

Die Caritas-Sozialdienste für Flüchtlinge helfen Geflüchteten dabei, das Leben in Deutschland zu bewältigen und neue Perspektiven zu entwickeln. Die MitarbeiterInnen beraten und betreuen Flüchtlinge, die in Gemeinschaftsunterkünften, Notunterbringungen oder in privaten Wohnungen leben und kümmern sich um sie mit vielfältigen und bedarfsgerechten Angeboten. Mit Spendenmitteln leistet die Caritas auch direkte finanzielle und materielle Unterstützung an die Bedürftigen in vielen Gemeinschaftsunterkünften.

Eine besondere Bedeutung kommt in den Diözesan-Caritasverbänden in Deutschland dem ehrenamtlichen Engagement für Flüchtlinge zu. Die Ehrenamtlichen kümmern sich häufig in den Gemeinden und Stadtvierteln um die alltäglichen Bedürfnisse der Flüchtlinge und ihrer Familien. Sie sind die ersten Botschafter der deutschen Kultur und Lebensweise und erleichtern das Ankommen im fremden Land. Sie setzen sich aber auch für die Rechte der Flüchtlinge und für ein friedliches Zusammenleben in der aufnehmenden Gesellschaft ein.

9 Kirche und ihre Caritas an der Seite der Flüchtlinge

Adelheid Utters-Adam

Die kleine italienische Insel Lampedusa vor der Küste Afrikas wurde seit 2011 zu einer wichtigen Anlaufstelle für Flüchtlingsboote, die Schlepper von der Küste Libyens aus übers Mittelmeer schickten. Die Boote sind alt, oft nicht seetüchtig. Lampedusa wurde in dieser Zeit zum Synonym für das Schicksal und das Elend der Flüchtlinge aus Afrika und dem Nahen Osten, die den Weg über die nordafrikanischen Länder nahmen. Tausende kommen auf der Insel an, das Lager ist ständig überfüllt, sie werden nur schleppend registriert und auf das italienische Festland gebracht. Immer häufiger wurde damals aber auch klar, dass nicht alle die Überfahrt nach Italien überleben. Am 8. Juli 2013 besuchte der gerade erst im April gewählte Papst Franziskus Lampedusa.[78] Es war die erste Reise, die dieser Papst unternahm. Er traf sich mit Flüchtlingen, die gerade auf der Insel angekommen waren, er feierte mit Einheimischen und Flüchtlingen Gottesdienst und er gedachte der im Meer ertrunkenen Menschen. In seiner Predigt kritisierte Franziskus das Desinteresse der Welt am Schicksal der unzähligen Menschen, die auf der Flucht nach Europa ihr Leben verloren: *„Die Globalisierung der Gleichgültigkeit macht uns alle zu ,Ungenannten‘, zu Verantwortlichen ohne Namen und ohne Gesicht."*[79] Der Papst appellierte indirekt auch an die Politik, als er beim Gottesdienst betete: *„Wir bitten dich, Vater, um Verzeihung für diejenigen, die mit ihren Entscheidungen auf höchster Ebene Situationen wie dieses Drama hier geschaffen haben."*

---

78 http://www.sueddeutsche.de/panorama/franziskus-auf-lampedusa-papst-gedenkt-ertrunkener-fluechtlinge-1.1715363.

79 https://w2.vatican.va/content/francesco/de/homilies/2013/documents/papa-francesco_20130708_omelia-lampedusa.html.

Ein bis dahin nicht gekanntes Drama spielte sich in der Nacht vom 3. auf den 4. Oktober 2013 nur 800 Meter vor Lampedusa ab. Ein alter Schiffskutter, der in Libyen gestartet und mit 500 Menschen völlig überladen war, kenterte in Sichtweite der Küste. Fischer, die mit ihren Booten draußen waren, begannen die Ertrinkenden zu retten. Sie erzählten später übereinstimmend, die Küstenwache hätte sich geweigert zu helfen. Nach der damaligen Rechtslage machte sich in Italien jeder der Beihilfe zur illegalen Einwanderung schuldig, der einem Schiffbrüchigen zu Hilfe eilte. 339 Särge reihte die Polizei schließlich im Hangar des Flughafens auf. Die Bestürzung war groß in Europa und führte zu heftigen Diskussionen über die europäische Flüchtlingspolitik. Schließlich wurde bereits zwei Wochen später die Operation der italienischen Marine *Mare Nostrum* eingeführt, die Flüchtlinge aus Seenot retten und gleichzeitig die Schlepper bekämpfen sollte. Die Operation wurde ein Jahr später von der Operation „*Triton*" unter Führung der EU-Grenzagentur Frontex abgelöst.

Papst Franziskus wird bis heute nicht müde, immer wieder auf das Schicksal der Flüchtlinge hinzuweisen. Er setzte mit seinem Besuch auf Lampedusa und vielen weiteren Begegnungen Zeichen, auf welcher Seite die Kirche steht. Er trug nicht nur den Bischöfen auf, sich in ihrem Wirkungskreis für Flüchtlinge einzusetzen, er ermutigte auch alle Christen, die sich in ihren Gemeinden in der Asyl- und Migrationsarbeit engagierten. Zum Weltflüchtlingstag 2018 hat der Papst seine Vorstellungen vom Umgang mit Flüchtlingen und Migranten nochmals bekräftigt. In dem Dokument „*Die Migranten und Flüchtlinge aufnehmen, beschützen, fördern und integrieren*" appelliert er, Migranten und Flüchtlinge aufzunehmen. Er spricht sich für humanitäre Korridore und Familiennachzug aus, verlangt Zugang zum Arbeitsmarkt schon für Asylbewerber und Einbürgerungserleichterungen. Er erklärt auch, dass die Sicherheit der Schutzsuchenden Vorrang vor der nationalen Sicherheit haben müsse. Die Botschaft ist kein Beitrag zur innereuropäischen Flüchtlingsdebatte. Adressaten sind alle Länder dieser Welt, Kolumbien, Indonesien oder die USA, aber eben auch Deutschland, Österreich oder Polen.

Weit weg ist näher als du denkst

Die Jahreskampagne 2014 des Deutschen Caritasverbands stand unter dem Motto *Weit weg ist näher als du denkst*. Damit wollte die Caritas auf die negativen Auswirkungen der Globalisierung aufmerksam machen. Neben den Themen „Arbeitsmigration" und „Menschen in Billiglohnländern" wurde in den Diözesen vor allem das Thema „Flüchtlinge" aufgegriffen. Seit 2011 kamen immer mehr Flüchtlinge nach Europa, viele auch nach Deutschland. Die Gründe waren vor allem der Krieg in Syrien, das Erstarken des Islamischen Staats im Irak und die Vertreibung der afrikanischen Gastarbeiter aus Libyen. Die Träger der Caritas-Einrichtungen engagierten sich vor allem in der Asylsozialberatung, in der Betreuung der Flüchtlinge in den Gemeinschaftsunterkünften und nahmen in der stationären Jugendhilfe viele unbegleitete minderjährige Flüchtlinge auf. Die Angebote der Caritas für Flüchtlinge und Asylsuchende, die durch den Jugoslawienkrieg Anfang der 1990er-Jahre aufgebaut worden waren, wurden wieder verstärkt. Die Jahreskampagne bot eine gute Gelegenheit, auf dieses Engagement aufmerksam zu machen und für die Ursachen der Flüchtlingswelle zu sensibilisieren.

Ein Kreuz aus Planken eines Flüchtlingsboots

Der zentrale Caritassonntag, der jedes Jahr in einer anderen Diözese begangen wird, fand 2014 in der Erzdiözese München und Freising statt. Der große Gottesdienst mit Kardinal Reinhard Marx und Caritaspräsident Peter Neher im Münchner Liebfrauendom wurde direkt im Zweiten Deutschen Fernsehen übertragen. Flüchtlinge und Migranten gestalteten den Gottesdienst mit. In seiner Predigt sagte der Kardinal: *„Flucht, Vertreibung, Migration wird eines der großen Themen im 21. Jahrhundert sein."* Er appellierte an die Verantwortung jedes Einzelnen auch in Deutschland, das zu tun, was ihm persönlich möglich sei. „Die Verantwortung ist unterschiedlich, aber jeder ist verantwortlich für seinen Bereich und kann das nicht auf andere abschieben", mahnte er. [80]

Als augenfälliges Zeichen für Flucht und die gefährlichen Fluchtwege wurde von einem Schreiner auf der Insel Lampedusa ein Kreuz aus den Planken eines gestrandeten Flüchtlingsbootes gefertigt. Die Boote, mit denen Flüchtlinge zu dieser Zeit auf der Insel ankamen, waren meist aus Holz und wurden nach der Ankunft von der Küstenwache beschlagnahmt. Der Schreiner Francesco Tuccio erklärte, warum er diese Kreuze herstellte:

> *„Die Idee ist 2009 geboren, als ich besonders wütend über die Trägheit der Behörden war. Also nahm ich das Holz dieser Boote, das das Meer uns bringt und das ich am Strand finde, und machte daraus ein Kreuz, damit die Flüchtlinge dadurch eine Stimme bekommen. Die Motivation dazu ist aus dem Leiden geboren, das ich in diesen erloschenen und müden Augen gesehen habe ... Mit Gottes Hilfe hat mich dies dazu bewegt, dieses Leiden, aber auch diese Hoffnung allen bekannt zu machen, damit wir es nicht vergessen. Es geht ja*

---

80 https://www.erzbistum-muenchen.de/news/bistum/Kardinal-Marx-Migration-ein-Jahrhundertthema-27214.news.

nicht nur um die, die ankommen. Was mich schmerzt, sind diejenigen, die nicht in Lampedusa ankommen: Kinder, schwangere Mütter, Väter, die nie die Küste erreichen, weil sie im Abgrund des Meeres verschwinden. "[81]

Für den damaligen Caritasdirektor der Erzdiözese München und Freising, Prälat Hans Lindenberger, erinnerten diese *„versehrten, geschundenen Kreuzesbalken an die große Wunde unserer Zeit: die Heimatlosigkeit durch Krieg, Flucht und Vertreibung."* Nach dem Caritassonntag 2014 wurde das Kreuz immer wieder von Pfarrgemeinden, Schulen und kirchlichen Verbänden für Gottesdienste ausgeliehen. Seinen endgültigen Platz findet es im Haus der Bayerischen Geschichte, wo es als Symbol für die Flüchtlingswelle stehen wird.

Großes finanzielles Engagement für Geflüchtete

„Die Fürsorge für Flüchtlinge ist Teil unserer christlichen Identität", erklärt der Sonderbeauftragte für Flüchtlingsfragen der Deutschen Bischofskonferenz, der Hamburger Erzbischof Stefan Heße. Er wurde im Herbst 2015 mit dieser Aufgabe betraut. Er koordiniert seitdem die Flüchtlingsarbeit der katholischen Kirche in Deutschland. Jedes Jahr berief Erzbischof Heße einen „Flüchtlingsgipfel" ein, der vor allem dazu dient, Fachleute und Praktiker zusammenzuführen, zu vernetzen, über konkrete Themen kirchlicher Flüchtlingshilfe zu beraten und Perspektiven zu erarbeiten. Das finanzielle Engagement der 27 deutschen (Erz-) Bistümer und der kirchlichen Hilfswerke ist dem Bericht von Heße bei der Frühjahrsversammlung der Deutschen Bischofskonferenz 2018 zufolge enorm: Im Jahr 2017 wurden Finanzmittel in einem Umfang von rund 147 Millionen Euro für die Flüchtlingshilfe bereitgestellt: 69,4 Millionen Euro für die Förderung von Initiativen in Deutschland und 77,6 Millionen Euro für Hilfsprojekte in den Krisenregionen. Im Jahr 2016 waren 127,7 Millionen Euro. Es wurde jedoch darauf hingewiesen, dass diese Zahlen Mindestangaben sind, da die außerordentliche Flüchtlingshilfe der Ordensgemeinschaften und der kirchlichen Verbände nicht erfasst ist.[82]

In seinem Erzbistum München und Freising unterstützte Kardinal Reinhard Marx das Engagement der Caritas in großem Umfang. So wurden die Eigenleistungen, die die Caritas für die Stellen in der Asylsozialberatung aufbringen muss, vom Erzbischöflichen Ordinariat weitgehend übernommen. Der Zuschuss der Bayerischen Staatsregierung für diese Stellen beträgt etwa 70 Prozent. Aus eige-

---

81 https://www.caritas-nah-am-naechsten.de/cms-media/media-1139620.pdf.
82 https://www.dbk.de/themen/fluechtlingshilfe/

nen Mitteln hätte der Caritasverband die zeitweise über 200 Mitarbeitenden in der Asylsozialberatung nicht finanzieren können. Darüber hinaus finanzierte die Erzdiözese auch die Ehrenamtskoordinatoren, die das große Engagement der freiwilligen Helfer in den Gemeinden und Pfarreien unterstützen. Auch für die Betreuung und Begleitung von Flüchtlingen in den Pfarreien und für konkrete Aktivitäten und Maßnahmen wurden finanzielle Mittel bereitgestellt.

Enormes ehrenamtliches Engagement

Im Jahr 2016 engagierten sich bundesweit etwa 100.000 ehrenamtliche Betreuer-Innen und HelferInnen in Pfarreien, bei der Caritas und in den Gemeinden und Stadtvierteln. Im Jahr 2017 waren es rund 63.000 Personen gewesen. Ehrenamt-liche haben den Flüchtlingen das Ankommen in dem ihnen fremden Land er-leichtert, sie haben erste Schritte zur Integration unterstützt und begleitet, und sie haben Brücken zur deutschen Kultur und Gesellschaft gebaut. Es sind viele Freundschaften entstanden, aber es gab auch Enttäuschung und Frustration. Auch die verschärfte Asylpolitik und wachsende gesellschaftliche Ressentiments haben seit Herbst 2017 bei nicht wenigen Ehrenamtlichen zunehmend zu Resig-nation geführt.

Das enorme ehrenamtliche Engagement, das gerade in den Jahren 2015 und 2016 die Willkommenskultur in Deutschland prägte, kann in diesem Buch nicht ausführlich gewürdigt werden. Doch es gibt nicht nur in Oberbayern, sondern in ganz Deutschland unzählige Geschichten von geglückter Integration, auch und gerade durch den couragierten Einsatz vieler Bürgerinnen und Bürger.

Zusammen sind wir Heimat

Die Jahreskampagne des Deutschen Caritasverbands im Jahr 2017 traf mit sei-nem Motto *Zusammen sind wir Heimat* sehr genau den Nerv der Zeit. Parteien und die Medien entdeckten den Begriff Heimat, bis dahin, dass in der 2018 ge-bildeten Bundesregierung das Innenministerium auch Heimatministerium ist. Die Caritas zeigte mit dieser Jahreskampagne deutlich Flagge für eine offene Gesellschaft, in der Menschen in ihrer Unterschiedlichkeit und Vielfalt Heimat finden. Es war auch ein eindeutiger Appell, den vielen Menschen Heimat zu ge-ben, die in den vergangenen Jahren ihre Heimat verloren haben: Damit diejeni-gen, die vor Krieg, Vertreibung, Hunger und Not geflohen sind, in Deutschland

Heimat finden können, müssen sich Einheimische und Zugewanderte öffnen und sich mit Respekt und Wertschätzung begegnen.[83]

In der Erzdiözese München und Freising wurden Beispiele einer gelingenden Integration in einer Ausstellung zusammengetragen. Zum Beispiel wurde ein pensionierter Chemiker, der einem Mädchen aus dem Irak Nachhilfe gibt, ein Senegalese, der im Altenheim die Ausbildung zum Altenpfleger macht, oder ein afghanischer Junge, der sich zum Bürokaufmann ausbilden lässt, präsentiert. Spannend an der Ausstellung war, dass die, die bei der Integration helfen, nicht immer die deutschen oder hellhäutigen Menschen sind. So hat eine Krippenleiterin aus Eritrea eine Urmünchner Praktikantin und der Asylberater der Caritas in Bad Reichenhall war bis vor drei Jahren selbst Klient.[84] Die Ausstellung wurde im Jahr 2017 an über 30 Orten in Oberbayern in öffentlichen Räumen und in Caritas-Einrichtungen gezeigt. *„Neben vielen professionellen Angeboten und Diensten braucht es aber vor allem die Bereitschaft von uns allen, sich ganz konkret auf Begegnung einzulassen",* sagte Caritas-Vorstand Georg Falterbaum bei der Eröffnung der Ausstellung im Mai 2017 in München.

Klare Positionen bei Flüchtlingsthemen

Neben vielen Angeboten und Hilfen für Flüchtlinge hat sich die Caritas immer auch als Anwalt für geflüchtete Menschen verstanden. Sie machte dabei vor allem während der anwachsenden Flüchtlingszahlen 2015 und 2016 immer wieder klar, dass dieses Engagement jedoch nicht zu Lasten der anderen Menschen am Rande der Gesellschaft gehen dürfe. Die Caritas als größter Wohlfahrtsverband wie auch die deutschen Bischöfe haben in vielen politischen Diskussionen der letzten Jahre ihre Haltung zu Themen, die die Aufnahme, Unterbringung und Integration von Flüchtlingen betreffen, unmissverständlich zum Ausdruck gebracht.

Im Wesentlichen fokussierten sich die Stellungnahmen auf Themen wie Abschiebeverbot nach Afghanistan, Zugang für Asylbewerber zum Arbeitsmarkt, junge Menschen in Ausbildung bringen und Familiennachzug für Flüchtlinge sowie den menschenwürdigen Umgang. Aus der ganzen Bandbreite von Stellungnahmen der letzten Jahre sollen hier nur beispielhaft einige Positionen die aktuelle Haltung von Kirche und ihrer Caritas deutlich machen.

---

83 https://www.caritas.de/magazin/kampagne/zusammen-heimat/startseite/startseite.
84 https://www.caritas-nah-am naechsten.de/presse/archiv?nid=4964&s=Ausstellung&t=2017&pidx=0.

Abschiebeverbot nach Afghanistan

In Afghanistan gibt es nach Auskunft des UNHCR[85] keine sicheren Gebiete. Im Dezember 2016 hat der UNHCR zum Schutzbedarf afghanischer Asylsuchender festgestellt:

> *„Ein pauschalierender Ansatz, der bestimmte Regionen hinsichtlich der Gefahr von Menschenrechtsverletzungen, wie sie für den Flüchtlingsschutz … relevant sind, als sichere und zumutbare interne Schutzalternative ansieht, ist nach Auffassung von UNHCR vor dem Hintergrund der aktuellen Situation in Afghanistan nicht möglich. "*

Das UNHCR identifizierte insgesamt 15 Personengruppen, die besonders gefährdet sind, darunter ganz allgemein Frauen und Kinder, die unter bestimmten Bedingungen leben, junge Männer und Kinder, die zwangsrekrutiert werden können, oder Personen, die mit internationalen Organisationen zusammenarbeiten. Vor diesem Hintergrund forderte die Caritas immer wieder einen Abschiebestopp nach Afghanistan. In einer Stellungnahme, die allen Bundestags- und Landtagsabgeordneten in Oberbayern zuging, forderte der damalige Caritasdirektor, Prälat Hans Lindenberger:

> *„Wir fordern einen Stopp der Rückführung von Menschen aus Afghanistan und eine Bleibeperspektive. Sicher können Flüchtlinge, die sich strafbar gemacht haben, nicht erwarten, in Deutschland bleiben zu können. Doch bei den Abschiebungen der letzten Monate waren die allermeisten unbescholtene Menschen, die sogar direkt von ihrem Arbeitsplatz weggerissen wurden. Dies entspricht nach unserer Ansicht in keiner Weise einem menschlich-würdevollen Umgang und ist weder mit unserem christlichen Menschenbild noch mit unseren gesellschaftlichen Werten vereinbar. "*[86]

Zugang für Asylbewerber zum Arbeitsmarkt

Die Bundesarbeitsgemeinschaft der Freien Wohlfahrtspflege (BAGFW), in der die Caritas Mitglied ist, positionierte sich bereits 2016 zu „Arbeitsgelegenheiten für Flüchtlinge". Grundsätzlich gilt für Flüchtlinge für die ersten drei Monate des Aufenthalts ein Beschäftigungsverbot auf dem allgemeinen Arbeitsmarkt. Für Asylsuchende, die aus sogenannten sicheren Herkunftsstaaten kommen, gilt

---

85 http://www.unhcr.org/dach/wp-content/uploads/sites/27/2017/04/AFG_042016.pd.
86 https://www.caritas-nah-am-naechsten.de/cms-media/media-2121820.pdf.

einhergehend mit der Verpflichtung, sich für die gesamte Dauer des Asylverfahrens in einer Aufnahmeeinrichtung aufzuhalten, ein generelles Beschäftigungsverbot. Die BAGFW war und ist bis heute grundsätzlich der Meinung, dass Asylbewerber(innen) zügig an den Arbeitsmarkt heranzuführen seien. Die Arbeitsverbote für Asylsuchende verhinderten, dass die Betroffenen ihre Qualifikationen nutzen und/oder neue erwerben können. Asylsuchende sollten unabhängig von ihrer Unterbringung spätestens nach drei Monaten Zugang zum Arbeitsmarkt haben.

Da die Erteilung einer Arbeitserlaubnis bei den Behörden vor Ort liegt, ist die Praxis in den einzelnen Städten und Landkreisen sehr unterschiedlich. Deshalb verwahrte sich zum Beispiel der Diözesan-Caritasverband München und Freising gegen die Praxis der Behörden, oft willkürlich die Arbeitserlaubnis wieder zurückzunehmen:

„In der Beratung und Betreuung sind unsere Mitarbeiter(innen) zur Zeit konfrontiert mit dem großen Unverständnis und der Frustration sowohl der Flüchtlinge wie auch der Arbeitgeber, dass bewährte Beschäftigungsverhältnisse aufgrund der Interministeriellen Weisung vom 1. September 2016 beendet werden müssen." [87]

Angesichts Tausender unbesetzter Arbeitsplätze in Bayern forderte die Caritas, dass unabhängig vom Aufenthaltsstatus auch noch nicht anerkannten Flüchtlingen die Chance eingeräumt wird, ihren Lebensunterhalt zumindest anteilig selbst zu verdienen.

Das soziale Netz Bayern forderte eine Öffnung des Arbeitsmarktes inklusive des Zugangs zu Spracherwerb und Beratung für Menschen, die als Flüchtlinge nach Deutschland kommen. Dies könne illegale Beschäftigungsformen, Ausbeutung, Menschenhandel und Lohndumping verhindern. [88]

Junge Menschen in Ausbildung bringen

Junge Flüchtlinge unter 18 Jahren müssen wie alle Kinder und Jugendlichen in Deutschland in die Schule gehen. In den Mittel- und Berufsschulen wurden in den letzten Jahren viele Übergangs- und Sprachklassen eingerichtet. So sollten vor allem Jugendliche durch gezielten Unterricht ausbildungsfähig gemacht wer-

---

87 https://www.caritas-nah-am-naechsten.de/cms-media/media-2121820.pdf.
88 https://www.caritas-bayern.de/

den. Die Caritas, die sich mit unterschiedlichen Hilfen für jugendliche Flüchtlinge engagiert, kritisierte vor allem das Ausbildungsverbot für junge Menschen ohne gesicherten Aufenthaltsstatus und der restriktive Umgang mit der Drei-plus-Zwei-Regelung. Diese besagt, dass Auszubildende mit Aufenthaltsgestattung und Duldung für die Zeit der Ausbildung und weitere zwei Jahre nach der Ausbildung eine Arbeitserlaubnis bekommen. In Bayern wurde diese Regelung des Bundesamts für Migration äußerst restriktiv angewandt, Jugendliche sollten eine Ausbildung nur bei Duldung beginnen dürfen, wenn keine „konkrete Maßnahmen zur Aufenthaltsbeendigung" bevorstünden. Dies ist zum Beispiel der Fall, wenn ein Flüchtling aufgefordert wird, seine Identität nachzuweisen. Dies ist jedoch aus Erfahrung der Asylberatung nicht immer möglich, zum Beispiel bei jungen Menschen aus Pakistan, wo es bis zum 18. Lebensjahr keine Identitätskarte oder Pass gibt. Sind die Eltern verstorben oder durch die Botschaft seines Heimatlandes nicht auffindbar, kann der Jugendliche seine Identität nicht mit einem Dokument nachweisen. Die Caritas der Erzdiözese München und Freising schrieb in ihrer Stellungnahme an die Politiker im Februar 2017:

> *„Bildung und Ausbildung ist ein Menschenrecht. In der alternden deutschen Gesellschaft sind wir darauf angewiesen, dass junge Menschen vor allem in den Berufsfeldern ausgebildet werden, in denen bereits jetzt ein Mangel an Nachwuchs besteht. Junge Flüchtlinge, die sich auf einen beruflichen Einstieg vorbereiten, verlieren jede Motivation, wenn ihnen die Ausbildungsperspektive genommen wird. Gerade sie werden anfällig für kriminelles Verhalten und extremistische Anschauungen. Auch wenn ein ausgebildeter junger Mensch nicht auf Dauer in Deutschland bleibt, ist eine Berufsausbildung ein Kapital, mit dem er auch im Heimatland seine Existenz sichern kann. Es ist eine sinnvolle Investition und eine hervorragende Form der Entwicklungshilfe. Sie schafft außerdem wirtschaftliche und kulturelle Kontakte in die Herkunftsländer."*[89]

Familiennachzug für Flüchtlinge mit subsidiärem Schutz

Der Familiennachzug für Flüchtlinge mit subsidiärem Schutz ist eines der Themen, die Anfang 2018 politisch heftig diskutiert wurden. Kirche und Caritas brachten ihre Position intensiv in die Debatte ein. *„Ein starkes Land wie Deutschland hat eine humanitäre Verantwortung gegenüber schutzbedürftigen Flüchtlingen"*,

---

89 https://www.caritas-nah-am-naechsten.de/migration/politische-positionen.

appelliert Caritas-Präsident Peter Neher am 9. Mai 2018an Union und SPD anlässlich einer Anhörung im Bundestag zum Familiennachzug.[90]

„Die Menschen haben sich auf das Ende der zweijährigen Aussetzung des Familiennachzugs verlassen. Jetzt sollen sie noch länger ausharren müssen oder ihre Familienangehörigen gar nicht nachholen können. Neben hohen psychischen Belastungen für die Betroffenen wirft dieses Vorgehen auch erhebliche verfassungsrechtliche Fragen auf."

Deutliche Wort fand auch der Vorsitzende der Deutschen Bischofskonferenz, Kardinal Reinhard Marx, in seinem Pressestatement am Ende der Frühjahrsvollversammlung 2018: *„Für die Kirche besitzt die Einheit der Familie einen besonderen Stellenwert, dem auf der politischen Bühne derzeit nicht ausreichend Rechnung getragen wird. Auch zeigt die Praxis der kirchlichen Flüchtlingsarbeit: Wenn ein Flüchtling sich permanent um das Schicksal seiner engsten Familienangehörigen sorgt und unter dem Schmerz der familiären Trennung leidet, kann er sich nur schlecht auf das Leben in einer neuen Umgebung einlassen; viele Integrationsbemühungen laufen dann ins Leere. Es ist verständlich, dass die Kommunen nicht erneut in eine Situation geraten möchten, in der sie innerhalb kürzester Zeit eine sehr große Anzahl von Menschen unterbringen müssen. Doch der Familiennachzug ist keine schnelle und ungesteuerte Form der Zuwanderung, sondern lässt sich – bei entsprechendem politischem Willen – administrativ gut planen und koordinieren. Die Bischöfe hoffen, dass eine politische Regelung gefunden wird, die von mehr Großherzigkeit zeugt als das jüngst verabschiedete Gesetz und die Absprachen im Koalitionsvertrag. Dazu gehören auch jene Kriterien, die die Menschenrechte berücksichtigen."[91]*

Menschenwürdiger Umgang und Unterbringung in großen Aufnahme-Zentren

Zu Beginn des Jahres 2018 bestimmte auch die von der neuen Bundesregierung beschlossene Unterbringung der ankommenden Flüchtlinge in sogenannten „Anker-Zentren" die Diskussion. Der Caritasverband der Erzdiözese München und Freising hat sich dieses Themas besonders angenommen, weil es in Bayern bereits seit 2016 ein Ankunfts- und Rückführungszentrum in einer ehemaligen Kaserne in Manching bei Ingolstadt gibt. Mit einigen Schwierigkeiten konnte die Caritas dort eine Asylsozialberatung einrichten, die jedoch im Frühjahr 2018 personell unzureichend ausgestattet war. Die Beobachtungen von Erzbischof

---

90 https://www.caritas.de/fuerprofis/presse/pressemeldungen/unklare-nachzugskriterien-und-buerokrati
91 https://www.dbk.de/presse/presseberichte-der-vollversammlungen/

Heße, der vor der Vollversammlung der deutschen Bischöfe im Februar 2018 das Transitzentrum Manching besuchte, deckt sich mit den Einschätzungen der Münchner Caritas:

> *„Da die Absicht besteht, überall in Deutschland ähnliche Einrichtungen aufzubauen, ist es den Bischöfen wichtig, darauf hinzuweisen, dass jeder Schutzsuchende Zugang zu einer unabhängigen und fundierten Rechts- und Verfahrensberatung haben muss – dies ist die Voraussetzung für ein faires Verfahren und sollte in unserem Rechtsstaat selbstverständlich sein. In den Transitzentren wird diesem Grundsatz bislang jedoch nicht ausreichend Rechnung getragen. Auch erhalten Personen mit speziellen Bedürfnissen – schwangere Frauen, Traumatisierte, Opfer von Menschenhandel – dort kaum eine adäquate Unterstützung. Gegen das Anliegen, Verfahren möglichst rasch und effizient zu gestalten, ist an sich nichts einzuwenden. Rechtsstaatliche und humanitäre Standards dürfen jedoch nicht aufgegeben werden."*

Wie gerade in den vorangegangenen Kapiteln gezeigt, ist es vor allem für Frauen aus Nigeria, die vor Prostitution und Menschenhandel aus Italien nach Deutschland geflohen sind, sehr schwer, kurz nach ihrer Ankunft in einem Aufnahme-Zentrum die wirklichen Gründe für ihre Flucht offenzulegen. Dazu bedarf es vorher einer unabhängigen Beratung, sodass die Frauen Vertrauen in die Beraterinnen fassen können. Die Kritik der Caritas der Erzdiözese München und Freising bezog sich auf Unterbringung in Transitzentren und zentralen Aufnahmeeinrichtungen. In einem riesigen Betrieb mit weit über 1.000 Bewohnern gäbe es keine Individualität, die dort lebenden Menschen hätten faktisch keine Chance, Kontakte mit der einheimischen Bevölkerung zu knüpfen, Konflikte seien vorprogrammiert und die Kinder der im Transitzentrum lebenden Geflüchteten könnten erst nach einer Verweildauer von über einem halben Jahr eine externe Schule besuchen. Für Kinder aus sogenannten sicheren Herkunftsländern gäbe es überhaupt keine Chance auf einen externen Schulbesuch. Der seit 1. Februar amtierende Diözesan-Caritasdirektor Georg Falterbaum sagte am 14. Mai zu den geplanten Ankerzentren: „Die Unterbringung von Asylsuchenden in großen Transitzentren wie in Manching/Ingolstadt sehe ich kritisch. Aus unserer Erfahrung können wir sagen, dass die dezentrale Unterbringung von Flüchtlingen nicht nur humaner für die betroffenen Menschen ist. Davon profitieren auch die Nachbarn aus dem Umfeld solcher Einrichtungen. Denn in kleineren Einheiten haben wir sehr viel weniger mit Konflikten oder gar Kriminalität zu tun. Deshalb sehe ich die Pläne der Bundesregierung, das bayerische Transitzentrum als bundesweites Modell für Ankerzentren zu übernehmen, eher skeptisch.

Speziell in Manching leben die Menschen am Stadtrand, haben keinerlei Kontakt zu den Einheimischen und dürfen leider auch nicht arbeiten. Viele Kinder besuchen keine Regel-Schule. Hoffnungslosigkeit und Langeweile sind der Nährboden für Frust, Verzweiflung und Konflikte. Kleine Anlässe reichen, um Situationen eskalieren zu lassen. Deshalb plädiere ich für dezentrale, kleinere Unterkünfte zum Wohle aller.

Grundsätzlich gilt für uns als größter bayerischer Sozialverband: Wir brauchen eine Flüchtlingspolitik der offenen Hände, die Humanität und Menschenrechte im Blick behält. Egal, wie gering die Bleibeperspektive ist, solange die Zuflucht-suchenden bei uns sind, müssen sie human behandelt werden."[92]

---

92 Statement für Deutsche Presseagentur am 14.05.2018; Quelle: Pressestelle Caritasverband der Erzdiözese München und Freising.

10 Schlussbemerkung

Nicht die Flüchtlinge, sondern die Fluchtursachen bekämpfen

Eine ausgewogene internationale Zusammenarbeit könnte Massenflucht eindämmern. Die Ursachen der Flucht sind gleichermaßen durch die Verhältnisse in den afrikanischen Ländern selbst wie auch durch Einflüsse von internationalen Konzernen bedingt. Wer die Migrationsprobleme mit Afrika[93] in den Griff bekommen will, kommt nicht darum herum, eine vernünftige internationale Handelspolitik zu betreiben. Über das Asylrecht als letzten begrenzten Zugangsweg nach Deutschland und Europa lassen sich Migration und Fluchtbewegungen nicht steuern.

Die Debatte über Flüchtlingsströme ist leider zum großen Teil verwirrend und oberflächlich. Die Aufregung richtet sich meistens gegen die Flüchtlinge, die sich kaum wehren können, und nicht gegen die wesentlichen Ursachen der Massenflucht in vielen Regionen der Welt, insbesondere in Afrika.

Die führenden Mächte haben unterschiedliche geopolitische Strategien und Sichtweisen für die Welt. Das unveränderliche Wesen der internationalen Interdependenzen beruht auf der Ausgewogenheit zwischen Kooperation und Wettbewerb. Wenn dieses Gleichgewicht gestört wird, wenn die Einhaltung und sogar das Bestehen universeller Normen und Verhaltensregeln in Frage gestellt

---

93 Damit ist nicht nur die Fluchtbewegung nach dem Zweiten Weltkrieg gemeint. Viele westliche Errungenschaften des 20. Jahrhunderts galten nicht nur als Ursachen, sondern auch als eine Antwort auf die Herausforderung für die Lösung internationaler Konflikte und humanitäre Katastrophen. Experten sprechen von zunehmendem Ungleichgewicht, das die Entstehung der kriminalisierten Globalisierung gegenüber Afrika verursacht hat. Bildung einer vernünftigen wirtschaftlichen Zusammenarbeit benötigt Verantwortung und Mut zu Reformen der internationalen Handelsbeziehung und des sozialen Bereiches, die Förderung der Bildung von Rechtstaaten, der Gewährleistung der Völkerrechte, des Umweltschutzes, der Gerechtigkeit einschließlich der Rechte von Frauen, der Überwindung der Kriegsökonomie, massiv korrupter Regierungsführungen und extremer Ausbeutung, die, wie wir uns erinnern, immer noch in vielen Ländern Afrikas, am Beispiel Kongos, eine beschämende Praxis ist.

wird, und schlimmer noch, wenn Interessen um jeden Preis durchgesetzt werden, dann werden Konflikte unberechenbar und gefährlich und führen zu gewaltsamen Kriegen und Massenflucht.

Unter solchen Umständen und in einem solchen Rahmen kann kein einziges wirkliches Flüchtlingsproblem auf der internationalen Ebene gelöst werden, und die Beziehungen zwischen den Ländern und den Völkern verkommen. Es entstehen nicht nur widersprüchliche Reaktionen, sondern auch falsche Wahrnehmungen von Flüchtlingsströmen[94]. Es ist auch klar, dass Migrationsgesetze allein nicht in der Lage sein werden, eine nachhaltige Entwicklung der Weltsicherheit zu gewährleisten. Eine harmonische Zukunft ist ohne soziale Verantwortung, ohne Freiheit und Gerechtigkeit, ohne die Achtung internationaler Rechte, traditioneller ethischer Werte und der Menschenwürde nicht möglich.

Experten regen daher auch eine temporäre Migration an: Zuwanderung auf Zeit. Migranten aus nicht Risiko-Ländern können für eine bestimmte Zeit in einem Land arbeiten und haben dann die Chance, in ihr Heimatland freiwillig zurückzugehen. Deshalb wäre es wünschenswert, dass die Fehler der Vergangenheit sowohl in der Migrations- wie auch in der Flüchtlingspolitik sich nicht wiederholen. Integration und Teilhabechancen in der Aufnahmegesellschaft sollten Schlüsselbegriffe der Integrationsrichtlinien sein. Das bedeutet, Flüchtlinge brauchen Sicherheit in der Gesellschaft, um sich zu integrieren. Ausgrenzung führt zu Spannungen und Unsicherheit in der Gesellschaft. Zukunft braucht Herkunft. Keiner mag freiwillig seiner Heimat den Rücken kehren, auch wenn die Welt immer kleiner wird. Die Globalisierung der Wirtschaft sollte sich nach ethischen Prinzipien wie Völkerverständigung, die Achtung der Völkerrechte aller Nationen sowie des Umweltschutzes richten. Sonst wird sie unterschwellig eine ständig wachsende Gefahr für die Weltsicherheit gegenwärtiger und zukünftiger Generationen. Das muss bewusst verhindert werden.

---

94 Alain Deneault beschreibt mit Klarheit und Ironie all die Architektur eines schändlichen Systems, das die Ausplünderung der Ressourcen in Afrika und schrecklichen Verbrechen gegen die Menschlichkeit legitimiert und unterstützt. Er stellt sich diese Frage und antwortet selbst darauf: „Was haben die Flüchtlingsdramen, Krieg in der Demokratischen Republik Kongo, das menschliche Elend und der Toronto Stock Exchange gemeinsam? Antwort: Die blutigen Kriege in Afrika sind weitgehend durch westliche Bergbauunternehmen, die Kriegsherren finanzieren und bewaffnen, verursacht: Bergleute in Tansania lebendig begraben, Massenvergiftung und „freiwilliger Völkermord" in Mali, brutale Ausbeutung in Ghana, verheerende Staudämme im Senegal, Zwangsprivatisierung des Schienenverkehrs in Westafrika, ohne die negativen Auswirkungen auf die Umwelt und das soziale Gleichgewicht usw. zu berücksichtigen. Der Westen unterstützt politisch und finanziell Öl- und Bergbaufirmen, die afrikanischen Boden brutal ausbeuten, riesige Profite verzeichnen, während sie sich der schlimmsten Gräueltaten und Missbräuche in Afrika schuldig machen." Alain Deneault, Delphine Abadie, William Sacher, in: Noir Canada, Plünderungen, Korruption und Kriminalität in Afrika. Les Éditions Écosociété, Montréal, 2008.

Literatur [95]

Aktuelle Asylstatistik Deutschland: Statistiken rund um Asyl, Migration und Integration in Deutschland. Berlin, BAMF, 09.03.2017.

Alfred, Charlotte: How The EU Is Trying To Stop Africans Boarding Boats To Europe, in The Huffington Post, Washington, June 9, 2016. https://www.huffingtonpost.com/entry/eu-migration-eritrea-sudan_us_5759a90ae4b0e-39a28acd632?utm_hp_ref=world&utm_hp_ref=world and in: The Local Africa News, fresh perspective, Johannesburg, June 10, 2016 http://www.thelocalafricanews.com/Eu-trying-stop-africans-boarding-boats-Europe/

Bundesamt für Migration und Flüchtlinge, Schlüsselzahlen Asyl 2017. https://www.bamf.de/SharedDocs/Anlagen/DE/Publikationen/Flyer/flyer-schluessel-zahlen-asyl-2017.html?nn=1694460 (Zugriff 17.5.18).

Birkenstock, Günther: Der Menschenhandel in der EU nimmt zu, Deutsche Welle (DW), Berlin, 16.04.2013. http://www.dw.com/de/der-menschenhandel-in-der-eu-nimmt-zu/a-16745852.

Bundesministerium für wirtschaftliche Zusammenarbeit und Entwicklung (BMZ): Marschall Plan mit Afrika: Afrika und Europa – Neue Partnerschaft für Entwicklung, Frieden und Zukunft. Hg. vom Bundesministerium für wirtschaftliche Zusammenarbeit und Entwicklung (BMZ), Referat Öffentlichkeitsarbeit, digitale Kommunikation und Besucherdienst, Berlin, Stand: Januar 2017, Atelier Hauer + Dörfler GmbH. http://www.bmz.de/de/mediathek/publikationen/reihen/infobroschueren_flyer/infobroschueren/Materialie310_Afrika_Marshallplan.pdf.

Camdessus, Michel: Toutes ces ressources détournées, c'est un crime. Rapport Africa Progress Panel, in : Jeune Afrique Economie & Finance, Pretoria, Afrique du Sud, 10 mai 2013. http://www.jeuneafrique.com/19949/economie/michel-camdessus-toutes-ces-ressources-d-tourn-es-c-est-un-crime/

Cloos, Patrick: Histoire de la colonisation belge au Congo, Bruxelles, Novembre 2000. www.CoBelCo.info.

Collier, Paul: Exodus: Warum wir Zuwanderung neu regeln müssen. München 2014, Siedler-Verlag.

Dehmer, Dagmar: Flüchtlingskrise, Europa will in Afrika investieren, in: Der Tagesspiegel, 23.06.2016 https://www.tagesspiegel.de/politik/fluechtlingskrise-europa-will-in-afrika-investieren/13772834.html.

95 Alle Internetadressen wurden am 15.6.2018 auf Aktualität geprüft.

Deneault, Alain avec Delphine Abadie et William Sacher: Noir Canada, pillage, corruption et criminalité en Afrique. Montréal 2008, Les Éditions Écosociété.

Destatis-Statistisches Bundesamt (Federal Statistical Office of Germany). Vorläufiger Bericht, Berlin, März 2017.

Doyle Conan, Arthur: Congo, Letters to the Press, in: the Belfast News-Letter, Antrim, Northern Ireland, Monday 01 November 1909, The British Newspaper Archive.

Dublin III-Verordnung (EU) Nr. 604/2013 des Europäischen Parlaments und des Rates, Bruxelles, vom 26. Juni 2013.

Forestier, Patrick, Jeudi Investigation, Canal Plus, 2007, in: Portail Humanitaire: République démocratique du Congo/Pillage organisé des ressources naturelles de la RDC, Ecquevilly, Mars 2010. http://www.portail-humanitaire.org/pillage-organise-ressources-naturelles-de-rdc/

General-Akte der Berliner Konferenz (Kongokonferenz November 1884–Februar 1885), Deutsches Reichsgesetzblatt Band 1885, Nr. 23, Seite 215–246, Fassung vom 26. Februar 1885. Bekanntmachung 20. Juni 1885. https://de.wikisource.org/wiki/General-Akte_der_Berliner_Konferenz_(Kongokonferenz).

Hochschild, Adam: King Leopold's Ghost: A Story of Greed, Terror, and Heroism in Colonial Africa. Houghton Mifflin Edition, 1998.

Hütz-Adams, Friedel: Zur Kriegsfinanzierung in der DR Kongo: Kongo: Handys, Gold & Diamanten. Kriegsfinanzierung im Zeitalter der Globalisierung, Strukturelle Gewalt in den Nord-Süd-Beziehungen, Art.-Nr.: 2004-04 Band 2, Publikationen von Südwind Edition, Siegburg, 2003.https://suedwind-institut.de/files/Suedwind/Publikationen/1992-2005/2004-04%20Kongo%20-%20Handys,%20Gold%20und%20Diamanten.pdf.

Kabou, Axelle: Weder arm noch ohnmächtig. Eine Streitschrift gegen schwarze Eliten und weiße Helfer. Basel 1993, Lenos Verlag.

Kreutzer, Mary /Milborn, Corinna: Ware Frau: Auf den Spuren moderner Sklaverei. Salzburg 2008, Ecowin Verlag GmbH.

Länderdaten.info: Afrika, Flüchtlinge aus Kongo-Kinshasa. Entwicklung gestellter Asylanträge von Bürgern aus Kongo-Kinshasa von 2000 bis 2016 https://www.laenderdaten.info/Afrika/Kongo-Kinshasa/fluechtlinge.php.

LETTRE DE PAULINE LATHAM, MP, AU SECRETAIRE D'ETAT HONORABLE JUSTINE GREENING, MP, Secrétaire d'Etat au Département du Développement International, réf.MDMM38/40/JP; 1 Palace Street, London SW1E 5HE, Mardi, 26 Mars 2013. (Traduction française), in Kongo Times, RDC: Vaste projet de « Joseph Kabila » pour détourner plusieurs milliards de dollars, Dublin, 10 Mai 2013. http://afrique.kongotimes.info/rdc/politique/5813-congo-vaste-projet-kabila-pour-detourner-milliards-dollars-pendant-plusieurs-decennies-operations-minieres-douteuses-avec-societes-ivb-lettre-mp-pauline-latham-secretaire-etat-justine-greening-traduction-libre.html.

MEDIAPART/LC: Liste des multinationales qui soutiennent la guerre en RDC, in: LeCongolais, actualités congolaises et africaines, Kinshasa, publié online le 27 juillet 2013. https://www.lecongolais.cd/liste-des-85-multinationales-qui-soutiennent-la-guerre-en-rdc/

Moyo, Jeffrey: AFRIKA: Landraub nach Kolonialherrenart – Land Grabs und Vertreibungen nehmen zu, in: NEOPresse Wirtschaft, Harare 10. April 2015. http://www.neopresse.com/wirtschaft/afrika-landraub-nach-kolonialherrenart-land-grabs-und-vertreibungen-nehmen-zu/

Ökumenisches Netzwerk und Zentralafrika (ÖNZ) und Forum Menschenrechte (Hg.): Demokratischen Republik Kongo: Von der Gewalt zur Kriegsökonomie. Berlin, 29. Oktober 2007.

Parrinello, Antonio: Frontex-Bericht: Illegaler Zustrom in die EU bleibt hoch – Zwei Drittel kommen aus Afrika, in: Reuters Europa, Rom, 23.02.2018. https://deutsch.rt.com/europa/65636-frontex-bericht-fur-2018-illegaler-zustrom-bleibt-hoeher-als-vor-fluechtlingskrise/

Reichel, Detlev: Verfassungsgericht tadelt Untätigkeit des Parlaments und fordert zum Handeln gegen Präsidenten Zuma auf, in: Sudafrika-Portal, Pretoria, 30. Dezember 2017. https://2010sdafrika.wordpress.com/tag/verfassungsgericht/

Rigaud, Christophe: RDC: Une ONG publie la liste des entreprises impliquées dans le trafic du coltan, in : Courrier International, Paris, 13 décembre 2008. https://blog.courrierinternational.com/afrikarabia/2008/12/13/rdc-une-ong-publie-la-liste-des-entreprises-impliquees-dans-le-trafic-du-coltan/

Rosenfelder, Lydia: Nigerianerinnen werden in Europa zur Prostitution gezwungen, in: Frankfurter Allgemein (FAZ Ausland Online) vom 18.09.2017. http://www.faz.net/aktuell/politik/ausland/nigerianerinnen-werden-in-europa-zur-prostitution-gezwungen-15202045-p2.html.

Schmid, Susanne: Vor den Toren Europas? Das Potenzial der Migration aus Afrika. Forschungsbericht-BAMF, Berlin, 27.01.2010. http://www.bamf.de/SharedDocs/Anlagen/DE/Publikationen/Forschungsberichte/fb07-vor-den-toren-europas.html.

Schulze, Christian: Dossier zum Krieg im Kongo, Medico International – Frankfurt am Main, 11. Nov. 2008. https://www.medico.de/dossier-zum-krieg-im-kongo-13383/

Serbin, Sylvia: Reines d'Afrique et héroïnes de la diaspora noire. Paris 2010, Édition SEPIA.

The Dodd-Frank (Financial Reform Act), Wall Street Reform-und Consumer Protection Act. Public Law No. 111–203, Washington, USA, July 21, 2010.

Tuesday Reitano/Peter Tinti: Survive and advance: The economics of smuggling refugees and migrants into Europe. A vast number of what are the drivers and dynamics behind this crisis? Migrants have fled to Europe through a violent and opportunistic smuggling industry. Institute for Security Studies (ISS), Pretoria, 1 Dec. 2015 https://issafrica.org/research/papers/survive-and-advance-the-economics-of-smuggling-refugees-and-migrants-into-europe.

Berichte internationaler Organisationen

Amnesty International, Berichte zu den Flüchtlingslagern in Libyen, Berlin, 2012–2016:

▶ Amnesty Report Libyen 03. Mai 2012: https://www.amnesty.de/jahresbericht/2012/libyen.

▶ Amnesty Report Libyen 27. Mai 2013: https://www.amnesty.de/jahresbericht/2013/libyen.

▶ Amnesty Report Libyen 07. Mai 2015: https://www.amnesty.de/jahresbericht/2015/libyen.

▶ Amnesty Report Libyen 07. Juni 2016: https://www.amnesty.de/jahresbericht/2016/libyen.

Ärzte ohne Grenze (Médecins sans Frontières), Berichte über Flüchtlinge, Berlin 2016:

▶ Eine Reise aus der Hölle ins Ungewisse. Menschen auf der Flucht weltweit. https://www.aerzte-ohne-grenzen.de/flucht-weltweit.

▶ Ärzte ohne Grenzen/Médecins Sans Frontière: Rom/Berlin, 30. August 2016. https://www.aerzte-ohne-grenzen.de/rettung-fluechtlinge-seenot-mittelmeer.

Human Rights Watch Berichte über die Lage der Flüchtlinge in Libyen:

▶ Human Rights Watch, The Mediterranean Migration Crisis: Why People Flee, What the EU Should Do, Brussels, June 19, 2015. https://www.hrw.org/report/2015/06/19/mediterranean-migration-crisis-why-people-flee-what-eu-should-do.

▶ Human Rights Watch, EU: Menschenrechtsverletzungen in Herkunftsländern nähren Flüchtlingskrise im Mittelmeer. Migranten beschreiben Schrecken, die sie zur Flucht veranlasst haben, Brüssel, 10.06.2015. https://www.

hrw.org/de/news/2015/06/18/eu-menschenrechtsverletzungen-herkunfts-laendern-naehren-fluechtlingskrise-im Beobachtungszentrums für Binnen-vertriebene (IDMC) Jahresbericht, Genf, 2015.

Frontex (European Border and Coast Guard Agency): Risk Analysis for 2017, Warsaw, February 2017, Frontex Reference Nr. 2133/2017. https://frontex.eu-ropa.eu/media-centre/news-release/frontex-publishes-risk-analy-sis-for-2017-CpJiC8.

Frontex EU: Migratory flows in 2017 – Pressure eased on Italy and Greece; Spain saw record numbers, Frontex Pressroom, January 5th, 2018, published online on February 15th, 2018. https://frontex.europa.eu/news/migratory-flows-in-2017-pressure-eased-on-italy-and-greece-spain-saw-record-numbers-8FC2d4.

Gesellschaft bedrohter Voelker (GfbV), Bericht über die Menschenrechtsarbeit 2014, Göttingen, publiziert am 27.09.2015. https://www.gfbv.de/fileadmin/re-daktion/Vereinsangelegenheiten/Jahresberichte/GfbV_Jahresbericht__2014.pdf.

Green Peace Report, Congo: Trading in chaos, the impact at home and abroad of illegal logging in DRC, March 2013, Published in May 2015 by Greenpeace Africa, Johannesburg, South Africa. https://www.greenpeace.de/files/publica-tions/trading-in-chaos-20150709.pdf.

International Organization for Migration – IOM report: Humanitarian Emer-gencies, Missing Migrants, Rome, Italy – 05/31/2016.

International Organization for Migration – IOM, the UN Migration Agency re-port, Mediterranean migrant arrivals reach 115,109 in 2017; 2,397 Deaths.

Geneva, 08/04/2017 http://missingmigrants.iom.int/mediterranean-migrant-arri-vals-reach-115109-2017-2397-deaths.

International Displacement Monitoring Centre (IDMC), Global Reports on in-ternational Displacement from 2012 to 2015, key international displacement developments during this period.), Geneva, Dec. 2015.

International Organization for Migration – IOM, the UN Migration Agency: Missing Migrants report, News desk Geneva, 08/04/2017: Mediterranean migrant arrivals reach 115,109 in 2017; 2,397 Deaths. http://missingmigrants.iom.int/mediterranean-migrant-arrivals-reach-115109-2017-2397-deaths.

Global Initiative against Transnational Organized Crime Report 2014: Smuggled futures: the dangerous path of a migrant from Africa to Europe, Geneva, May 7, 2014. http://globalinitiative.net/smuggled-futures/

Global Witness Report 2010, dans: Radio-Canada avec Agence France-Presse, Montréal (Qc.), Publié le lundi 26 juillet 2010. http://ici.radio-canada.ca/nouvelle/481490/gb-rdc-minerais.

Global Witness, communiqué de Presse: Rapport Mapping du Haut Commissariat des Nations Unies pour les Droits Humains sur les crimes commis en RDC 1993–2003, Kinshasa/Londres, 01.10.2010. https://www.globalwitness.org/en/archive/7667/

Rapports de Human Rights Watch: Initiatives Internationales pour Aborder le Problème de l'Exploitation des Ressources en RDC. http://pantheon.hrw.org/legacy/french/reports/2005/drc0505/12.htm.

Rapports des Experts de l'ONU sur l'exploitation illégale des ressources du Congo (2001–2012).

Syrian Observatory for Human Rights Report, 2014.

Tel Aviver Organisation Ärzte für Menschenrechte-Israel, Bericht 2016.

UNHCR-Datenportal : Informationen über UNHCR-Hilfseinsätze, 2017.

UNHCR-Statistik : Datenbank zu Flüchtlingen, Asylsuchenden und Binnenvertriebenen weltweit sowie historische Daten seit 1960.

United Nations Human Rights Office of the High Commissioner (OHCHR): DRC Mapping Report for Human Rights Violation 1993–2003, Geneva, October 1, 2010. http://www.ohchr.org/EN/Countries/AfricaRegion/Pages/RDCProjetMapping.aspx.

Zeitungen und Magazine

Amber Peterman, Tia Palermo, and Caryn Bredenkamp: Estimates and Determinants of Sexual Violence Against Women in the Democratic Republic of Congo, in: American Journal of Public Health (AJPH) 101, no. 6, June 1, 2011, Published Online: August 30, 2011.

Die Welt am Sonntag, Lagebericht von der Botschaft der Bundesrepublik Deutschland in Niamey ans Kanzleramt, Berlin, Januar 2017.

Stuttgarter Zeitung, Menschenhandel auf dem Mittelmeer – Hölle Europa, Stuttgart, 14. August 2017, Deutsche Presse Agentur https://www.stuttgarter-zeitung.de/inhalt.menschenhandel-auf-dem-mittelmeer-hoelle-europa.0b8843a5-a82f-4e6f-8398-8cc71a191e22.html.

Pressemitteilung Caritasverband der Erzdiözese München und Freising e.V. Abschiebung reißt Familien auseinander. Caritas kritisiert Abschiebepraxis als unmenschlich, München, Caritas Pressestelle, München, 16. Januar 2017.

Stellungnahme des Diözesan-Caritasverbands München und Freising zum Umgang mit Flüchtlingen in Bayern, Pressemitteilung Caritasverband der Erzdiözese München und Freising e.V.: Caritas appelliert an Bayerische Staatsregierung Flüchtlinge müssen Zugang zu Arbeit und Ausbildung bekommen Abschiebestopp für afghanische Flüchtlinge gefordert, Caritas Pressestelle, München, 03. Februar 2017.

Ein Wort zu diesem Buch

Ich habe Jeanne-Marie Sindani im September 2015 kennengelernt, gerade als der Zuwachs an neu ankommenden geflüchteten Menschen im Landkreis Fürstenfeldbruck mit 100 Personen pro Woche seinen Höchststand erreicht hatte.

Sie erklärte mir im Vorstellungsgespräch, sie wolle in der Asylsozialberatung der Aufnahmeeinrichtung Fliegerhorst Fürstenfeldbruck ihren Beitrag dazu leisten, geflüchteten Menschen in großer Not zu helfen. Die Fülle an Arbeit und Aufgaben schreckten sie nicht ab – allein im Jahr 2016 kamen im Landkreis Fürstenfeldbruck insgesamt über 5.000 Geflüchtete zur Beratung zur Caritas. Schon beim ersten persönlichen Kontakt begeisterte mich Frau Sindani mit ihrer Lebensfreude und Leidenschaft.

Sie geht seither in ihrer liebevollen Art auf die Geflüchteten zu und vermittelt dadurch mehr als nur Beratung. Ihre Hilfe und Unterstützung setzt den Ausgrenzungen und Vorbehalten, die Geflüchtete im Alltag leider derzeit häufig erleben, auf entschiedene Weise menschliche Wärme entgegen.
Ihre eigene Hoffnung und ihre Kraft übertragen sich auf ihr Gegenüber. Genau diese Begegnungen helfen den Geflüchteten dabei, die vielen Rückschläge, Unsicherheiten, Ablehnungen sowie Perspektivlosigkeit zu überwinden. Ausgebrannte Menschen, die aufgegeben haben, fassen neuen Mut und schöpfen Kraft.

Ihr Buch „Gestrandet im ‚Paradies'" ist mit der Leidenschaft geschrieben und macht Mut, sich für Menschlichkeit einzusetzen. Mit diesem Buch lässt Jeanne-Marie Sindani die Öffentlichkeit an ihren Erfahrungen aus der Beratung teilhaben. Dafür bedanke ich mich ganz herzlich bei ihr.

Monika Grzesik
Fachdienstleitung Asyl und Migration,
Caritas-Zentrum Fürstenfeldbruck

Mitfühlen und ehrliches Interesse zeigen

Ich danke Jeanne-Marie Sindani für diese wichtige Dokumentation. Ihre Beschreibungen beruhen auf persönlichen Begegnungen mit Schutzsuchenden in der Beratung und führen uns einprägsam die Schicksale von Menschen vor Augen, die nicht das Glück hatten, in Sicherheit zu leben. Wir beginnen zu verstehen und zu fühlen, denn endlich werden aus Schlagzeilen bewegende Geschichten und wir stellen Beziehungen her. Komplexe Zusammenhänge über Fluchtursachen werden klar und nachvollziehbar geschildert. Am wichtigsten aber ist, dass wir mitfühlen und ehrliches Interesse zeigen für die vielen Menschen, die hier für sich und ihre Familien nach Schutz und einer neuen Heimat suchen.

Christine Dietzinger
Leiterin der Kindergruppe in der Erstaufnahmeeinrichtung,
Deutsche Leserpreisträgerin 2017

Danksagung

Die Realisierung dieses Buches war nicht einfach, weil ich lieber über erfreuliche Ereignisse anstatt von verzweifelten Menschen geschrieben hätte. Aber ein gleichgültiges Verhalten gegenüber diesem menschlichen Drama und dem geäußerten Willen von tapferen jungen Menschen, ihre Erlebnisse der Weltöffentlichkeit bekannt zu machen, wäre noch unerträglicher und hätte ein schlechtes Gewissen in mir verursacht.

Ich danke den mutigen jungen Menschen aus verschiedenen Ländern der Welt, die mir während der Beratung vertrauensvoll in der Aufnahmeeinrichtung begegnet sind und sich mir gegenüber geoffenbart haben, mit der Bitte, ihre schweren und dramatischen Erlebnisse auf der Flucht der Weltöffentlichkeit bekannt zu machen.

Diese Arbeit hätte ich ohne die Unterstützung meiner Fachdienstleiterin, Monika Grzesik, nicht leisten können. Ihre Ratschläge und ihre Bemühungen für die richtige Abwicklung der Arbeit waren von besonderer Bedeutung. Ich habe die Ermutigung von meinem Sohn und die Aufmerksamkeit von Wilhelm Dräxler und Christine Dietzinger, sowie die Unterstützung von Maria Feckl und Michaela Stocker sehr geschätzt.

Mein ganz besonderer Dank geht an die Leitung des Caritasverbands der Erzdiözese München und Freising e. V. für die Finanzierung dieser Publikation, sowie an Adelheid Utters-Adam, Journalistin und bis Dezember 2017 Pressesprecherin des Diözesan-Caritasverband München und Freising, für die redaktionelle Überarbeitung meines Manuskripts und die fachkundige Vorbereitung der Veröffentlichung dieses Buches. Ihre Mitwirkung und Ratschläge bei der Konzeption des Buches sowie ihre Anregungen für eine verständliche Darstellung der politischen, wirtschaftlichen und gesellschaftlichen Zusammenhänge waren entscheidend für die Publikation.

Meine Danksagung geht auch an Sabine Winkler, zuständig für Lektorat und Herstellung Soziales Fachbuch beim Lambertus Verlag, für ihre Anregungen und ihre Ratschläge bei der Veröffentlichungsarbeit dieses Buches und an die Leitung der Regierung von Oberbayern in der Aufnahmeeinrichtung am Fliegerhorst, insbesondere Lars Pfaff, und an das Gesundheitsamt in Fürstenfeldbruck für die gute Zusammenarbeit, und an die vielen Ehrenamtlichen, die durch ihr hervorragendes Engagement, den Geflüchteten Hilfe und Unterstützung im Alltag geleistet haben.

Und allen, die mich beim Schreiben dieses Buches unterstützt haben, sage ich meinen herzlichen Dank.

Jeanne-Marie Sindani

Die Autorin

 Jeanne-Marie Sindani ist in Europa eine der aktivsten Kämpferinnen für Menschenrechte im Kongo. Mit enormem persönlichem Einsatz engagiert sie sich für die Menschen in ihrer Heimat. Die gebürtige Kongolesin arbeitet seit vielen Jahren mit internationalen Organisationen vertrauensvoll zusammen. Sie hatte Pädagogik am Institut Supérieur Pédagogique de Kinshasa in ihrer Heimat studiert. In Deutschland studierte sie Volkswirtschaft und Politikwissenschaft an der Universität Frankfurt/M. und hatte im Sinne der von dem Fachbereich verlangten Spezialisierung in der zweiten Phase des Magisterstudiums ihre akademische Ausbildung zu dem Schwerpunkt internationale Beziehungen „Analyse und Rolle internationaler Institutionen" an der Universität von Quebec in Montreal (UQAM) in Kanada fortgesetzt. Nach ihrem Masterabschluss war sie drei Jahre als Wissenschaftliche Assistentin bei Chaire Raoul Dandurand en Etudes diplomatiques et stratégiques der Universität von Quebec in Montreal und drei Jahre als Forschungsassistentin (Research Fellow) bei Centre for Developing-Areas Studies der Universität McGill in Montreal tätig. Bei der Caritas arbeitet sie in der Asyl- und Migrationsberatung. Sie hält Vorträge zur Völkerverständigung und hat viele Artikel über die tragische Lage in ihrer Heimat veröffentlicht und entwirft friedliche Lösungsmaßnahmen. Mit ihren kongolesischen Landsleuten in der Diaspora hat sie im Jahr 2008 eine Gemeinnützige Organisation gegründet, um Flüchtlinge im Kongo zu helfen. Sie ist Mitglied und ehemalige stellvertretende Vorsteherin der Frauen-Union des Ortsverbands Fürstenfeldbruck.

Unbegleitete minderjährige Flüchtlinge in der Jugendhilfe

Obwohl die Zahl an unbegleiteten minderjährigen Flüchtlingen in den letzten Jahren die Einrichtungen und Dienste der Kinder- und Jugendhilfe vor völlig neue Herausforderungen stellte, liegen bisher noch keine systematischen, bundesweiten Aussagen zu den betroffenen jungen Menschen, den Prozessen während der Hilfe und deren Wirksamkeit vor.

Deshalb führte der BVkE in Freiburg in enger Kooperation mit dem IKJ in Mainz und gefördert durch die Stiftung Glücksspirale ein dreijähriges Evaluationsprojekt durch. Ausgewertet wurden mehr als 1.200 begonnene dokumentierte Jugendhilfen für UMA/UMF aus 36 Jugendhilfeeinrichtungen des gesamten Bundesgebietes, zusätzlich kamen die betroffenen jungen Menschen in leitfadengestützten Interviews zu Wort. Neben der Darstellung der Ausgangslagen und durchgeführten Prozesse liegt ein Schwerpunkt auf den sog. Wirkfaktoren, die für eine erfolgreiche Hilfe förderlich sind. Zusätzlich werden die Befunde von ExpertInnen aus verschiedenen Blickwinkeln (öffentliche und freie Jugendhilfe, Kinder- und Jugendhilfestatistik, Bundesfachverband sowie Forschung) bewertet und kommentiert.

Michael Macsenaere, Thomas Köck, Stephan Hiller (Hg.)

Unbegleitete minderjährige Flüchtlinge in der Jugendhilfe

Erkenntnisse aus der Evaluation von Hilfeprozessen

1. Auflage, November 2018
Kartoniert/Broschiert, 144 Seiten
20,00 €
ISBN 978-3-7841-2990-7

eBook inklusive

Vom Gastarbeiterkind zum Hochschullehrer

Erzählt wird die Geschichte des sozialen Aufstiegs eines türkischen „Gastarbei-terkindes", dessen Eltern Ende der sechziger Jahre nach Deutschland kamen. Mal nüchtern, mal humorvoll beschreibt Ahmet Toprak seinen Weg vom Haupt-schüler in Köln zum Professor an der Fachhochschule in Dortmund. Dieser Weg verläuft alles andere als geradlinig und wie viele Menschen mit Einwanderungs-geschichte erfährt er interkulturelle Missverständnisse, Diskriminierung, aber auch unerwartete Ermutigung. Oftmals von seinem Umfeld unterschätzt, wird Toprak am Ende vom eigenen Erfolg am meisten überrascht. Seine Biographie belegt eindrucksvoll, wie wichtig eine gute Schulbildung sowie Unterstützung in der Familie für den Integrationserfolg sind.

Ahmet Toprak

Auch Alis werden Professor

Vom Gastarbeiterkind zum Hochschullehrer

1. Auflage, November 2017
Kartoniert/Broschiert, 172 Seiten
22,00 €
ISBN 978-3-7841-3020-0

www.lambertus.de

SOZIAL | RECHT | CARITAS

Unbegleitete minderjährige Flüchtlinge in Deutschland

Unbegleitete Minderjährige sind unter 18-Jährige, die ohne ihre Eltern oder Erziehungsberechtigten außerhalb ihres Herkunftslandes Schutz vor Verfolgung suchen.

Das vorliegende Arbeitsbuch stellt die rechtliche Situation dieser Kinder und Jugendlichen auf aktuellem Stand dar.

Deutscher Caritasverband (Hg.), Referat Migration und Integration (Hg.)

Unbegleitete minderjährige Flüchtlinge in Deutschland

Rechtliche Vorgaben und deren Umsetzung

2. Auflage, 2017
Kartoniert/Broschiert, 236 Seiten
22,00 €
ISBN 978-3-7841-2850-4

www.lambertus.de